総合・道徳・保健の時間にできる
「主体的・対話的で深い学び」

子どもが動き出す授業づくり

上野山小百合・大津紀子【編著】

いかだ社

はじめに

この本を手にとってくださったみなさんに、「子どもが主体的に動き出す！」授業を提案したいと思います。

卒業生からの手紙

5・6年を担任し、水俣病・エネルギー問題・エイズ・タバコ・飢餓問題などの命や健康をテーマにした学習をした子どもから卒業式の日にもらった手紙です。

…このクラスがまとまりだしたのは、6年生の運動会の練習の時。それから音楽会の時。あの時心が1つになったから大成功をおさめたんだと思います。6年3組は特に環境の事に取り組んだりしました。そして「エイズ」の事も。これらの事にしっかり取り組めた事をほこりのように感じます。この2年間、数々の問題が多々ありました。それをのりこえて「6年3組」が築きあげられた（？）ような気がします。これからも「エイズ」で習ったこの尊い命を大切にして、生きていきます。…

また、卒業して4年たってから、違う子どもからも突然手紙をもらいました。

「…今でも思い出すのが、小学校で習った水俣病やタバコの学習です。中学校でも役に立ちます」と書かれていてうれしくなりました。その後、この子たちの成人式に招かれて久しぶりに会った時に「先生、水俣のことちゃんと覚えてるで。一番後ろでちゃんと聞いててんからな」と声をかけられてびっくりしました。実践記録を読み返すと、導入の授業でいち早く問題の本質をキャッチし、「工場はいつまで排水を流していたのか」と書いていた子でした。最後のレポートで「…なぜ体に悪いと知ってても流したのか？…工場が流した水銀が原因だとわかって裁判をおこして、最後に国と工場がお金を払うことになりました。ぼくならお金をもらっただけでも国や工場をゆるすことはできません」と深く考えて自分の意見をはっきり書いていた子でした。20歳になっても覚えていてくれたのです。

このような学習のことが、なぜ卒業してからも子どもたちの心に残っているのでしょうか。この子たちは、命・健康・環境などをテーマにした学習で、仲間との学びの中で自ら動き出していました。なぜ、子どもが自ら動き出すのでしょうか。

1　主体的な学び

1つ目に、授業のテーマが命・健康に深くかかわっていることがあります。今の子どもたちを取り巻く環境は大変厳しくなっています。子どもの6人に1人と言われるほどの貧困の広がり、親とゆっくり対話もできない状況、学力競争で塾通いが増えストレスをたくさんためていることなど様々な問題があ

ります。厳しい環境の子どもたちは、特に命や健康をおびやかす問題には敏感です。社会のいろいろな問題にも関心が高い子どもが多いのです。未来志向の子どもたちは、大人の私たちより命や健康に敏感で真剣に学んでくれます。また、このテーマは道徳・総合・保健・社会・国語・理科・家庭科…など、工夫しだいでいろいろな教科とマッチして各教科の授業を充実させ、教科を組み合わせた授業の中でも展開でき、じっくり深く取り組むことができます。

2　対話的な学び

2つ目に、対話をとても大切にしています。子ども同士、子どもと親、子どもと教師、親と教師などの対話はもちろんですが、教材の中の人物との対話も重要です。

こういう命・健康をテーマにした学習では、国語や算数の学力が低い子どもたちの発言も授業の中身を豊かにするようなことが起こります。みんなに認められることで自信がつき、親にも堂々と学校で学んだことを話せるようになります。

まさき（仮名。以下同）は、母と2人暮らしです。深夜まで働く母親を待って就寝が遅くなり、朝は起きられなくてよく遅刻していました。学習習慣も身についていませんでした。水俣病の学習では、子どもたちと年齢の近い患者さんの生活の様子をていねいに学習しながら水俣病の本質を学んでいきました。まさきは食い入るように話を聞いていました。そして毎時間「○子さんは、今も生きているの？」と授業で紹介した○子さんのことを尋ねてきました。

まさきの友だちにみずきという子がいました。DVで母子家庭になり、やっと安心して生活ができるようになったものの、基礎学力に課題を抱えていたみずきもまさきに共感したのか、家に帰ってから忙しい母親に○子さんや水俣病のことをインターネットで調べてもらい、家族で水俣を話題にしていました。2年後にみずきの弟も5年生で担任し、また水俣のことが家族で話題になったとお母さんから教えてもらいました。まさきやみずきたちは、漢字の習得もままならないのに学習したあと裁判の判決文をみんなに伝えたいと主体的に動き出しました。難しい字の読み方を調べて全部ひらがなに直して書いてから、これでは意味がわからないと気づいて漢字交じりの文に戻し、ふりがなをつけて書き直しました。この活動への意欲はかつて感じたことがないものでした。

まさきは6年生でも担任し、社会で三権分立の裁判の学習をしている時、突然「水俣ってたしか最高裁までいったよなあ？」と発言しました。自らの意志で難しい判決文を苦労して書き写し、しっかり学んでいたことがわかりました。

このように、学習を通じて子ども・親・教師の対話が広がりつながっていきました。親に反抗的だった子が、学習のクライマックスの授業では親子で討論会をして親を見直し、親子関係が深まることもありました。この授業で教師が子どもの積極的側面に気づき、親との教育相談の時などにも話すことがで

きて、親との関係も深まっていきました。

3 深い学びをするから動き出す

対話を引き出す教材探しが重要なポイントになりますが、今の自分たちの暮らしと世界の国々の取り組みや昔と比べることで深い学びができます。

例えばゴミ問題の授業では、ドイツにはゴミを少なくするために、使い捨て容器ではなく繰り返し使う容器で買い物ができる仕組みがあることを学びます。昔の日本にも豆腐を買うのにボウルを持っていって入れてもらったり、ジュースやしょうゆの空き瓶を持っていけば容器代を返してもらったりしていた暮らしがあったことも学ぶと、子どもたちの視野が広がります。

命や健康に関する学習をしていくと社会的な背景も見えてきます。例えば水俣病の学習をしていると、一生懸命まじめに生きている人たちがどうしてこんなことで苦しまなければいけないのだろうかという疑問がわいてきて、原因や解決策を調べていきます。学校中の教職員に「水俣病を繰り返さないためにはどうすればいいですか」とインタビューをしていたグループもありました。学習が深まり、子どもたちが社会の仕組みにも目を向けていくと、自分の行動と社会をよくすることとのつながりも見えてきます。社会をよくするために自分にも何かできることがあると気づき、活動への意欲が高まります。意欲が高まったら、「自分でできることは？」「学校でできることは？」「地域でできることは？」「日本でできることは？」「世界でできることは？」とみんなで話し合って様々なアイデアが出されます。考えるだけで終わる授業ではなく、子どもが主体的に動き出す授業になるのです。仲間と一緒に取り組む自主活動で、自分もみんなのために役に立つと実感し、自己肯定感が高まります。今まで体験したことのない授業に子どもたちは大きな手応えを感じ、学ぶことの意味にも気づいていきます。

授業をすすめる時、ここがポイント

1 授業後に必ず感想を書かせる

① 授業の最後に「もっと知りたいこと」を書くことによって、子どもの疑問を大切にし、これを原動力として授業をすすめるようにしています。時には次に予定していた授業をこの疑問で変更する場合もあります。言うまでもなく、授業中の子どもの意見はしっかり聞き取り、何げない小さなつぶやきも拾うように努力しています。こうして子どもたちの知りたいこと・学びたいことが授業で取り上げられ、子どもたちが主体的に学ぶようになるのです。

② 授業の感想を学級通信にのせて、みんなで交流をします。

学級通信を出すのが困難であれば感想を紹介するだけでも、短時間で互いの意見を知り合うことができます。

2　教材にもこだわる

　授業で扱う教材にもこだわりがあります。子どもの興味をひくために、同じ年代の子が登場する教材やクイズ、漫画などのわかりやすい教材も準備します。映像や写真、実物なども用意したいです。また、最も子どもが喜ぶ「希望の見える教材」も外せません。例えばバナナの学習では、大規模農園で大量に農薬を使っていることを学んだだけで終わらず、バランゴンバナナのように無農薬で作り、民衆交易で農民を助けている取り組みを学びます。特にこの希望の見える教材は、社会や世界全体から大きな視野で深く考えられるものをさがし出すよう努力しました。

3　授業のクライマックスでは

　授業のクライマックスでは、もりあがった問いで討論会を開きます。討論会は時には参観日に合わせて開き、保護者の参加もお願いしています。ゴミ問題では祖父母の参加も呼びかけて、昔の暮らしの工夫を話してもらうこともありました。

　さらに、「対話の見える化」のために、えんぴつ対談という手法も使っています。友だち同士や親子で、交互にえんぴつで意見を書き合い、討論していくのです。これはどんな討論をしたのかが文面に残るので、みんなで読み合って共有することができます。本書の中でいくつか具体例を紹介しています。

4　動き出す活動を

　学習した後は、主体的に活動できる時間を保障します。この学習で子どもたちが社会の仕組みにも目を向け深く学ぶと、自分にも何かできることがあると考え、活動への意欲が高まります。子どもたちからは様々なアイデアが出されます。

　他学年に伝えるためにパンフレットを作ったり、劇にしたり、地域にも貼ってもらえるポスターを作ったりなど、様々な活動につながっていきます。ゴミ問題では、減量のためにまだ使えるものを集めて参観日に合わせてバザーを開いたり、飢餓問題では、世界の子どもを救うためにユニセフの募金活動をしたりなど、学校・父母・地域の方ともつながった取り組みに広げていくことができます。

　忙しい皆さんに少しでもここに掲載した授業に取り組んでもらえるよう、授業の流れを１時間ごとにていねいに示しました。全体計画は５～６時間扱いで示しましたが、どうしても時間が確保できない方のために、１時間で行う場合の指導例をp20に掲載しました。人の生き方や健康・命の尊さ、環境、国際理解などがテーマなので、道徳の授業としても取り組むことができます。ぜひ工夫して、部分的にでも取り組んでみてください。

　また、学習プリントや資料などはすぐ使えるように付録CDにも収録しました（PDFファイル）。ぜひ、本書の授業の醍醐味をたくさんの方に味わっていただきたいと思います。

はじめに　3

もくじ

中高学年
1 食べ物の向こうにアジアが見える……………8

低〜高学年
2 チョコレートのひみつ　児童労働の世界を考える……………22

低〜高学年
3 「すいみん」の学習……………34

高学年
4 水俣病を考える……………46

低中学年
5 みんなどこから？……………58

中学年
6 成長ってなんだろう？……………70

中学年
7 たかがゴミ　されどゴミ……………82

高学年
8 アスベストと健康……………94

高学年
9 原発探検隊……………106

高学年
10 「エイズ」って何？……………118

保健委員会
11 委員会活動で健康な学校づくり　健診結果を生かした健康への取り組み……………130

おわりに　141

執筆担当一覧　142

※本書では小学校の実践として紹介していますが、「高学年」対象としている教材などは、中学校や高校・大学でも十分学習できる内容だと思いますのでぜひ取り組んでみてください。

中高学年 1 食べ物の向こうにアジアが見える

I 教材について

　子どもたちにとっても身近な食べ物である「バナナ」を教材として、輸入食品や環境、労働について学ぶ教材である。先進諸国のほとんどが食料自給率100％以上であるのに対し、日本は39％でしかない。輸入食品の向こうに、私たちの食料を作っている国の人々の健康や生活破壊があることにも目を向けたい。

　輸出作物を作ればもうかると信じ、自分たちの食べ物を作っていた畑を全部輸出作物の畑にする。種とセットで買う農薬のために借金が増える。農薬の使い方もよく分からず飲み水を入れる容器で素手で混ぜたりしている。世界では、1年に2万人が農薬中毒で死んでいる。生産がうまくいかなかったりするとたちまち生活が苦しくなり、土地を売って小作人にならざるを得ない人々が大規模農園の労働者になっていく。規格に合わず見た目の悪い作物は買ってもらえず、現地の人たちは食べないのだから捨てられてしまう。『バナナと日本人』（岩波新書）には、フィリピンでどのようにして大規模のバナナ農園が広がったのかが詳しく解説されている。アメリカや日本の多国籍大企業（アグリビジネス）が開発した大規模農園で、大量の農薬を使い、その危険性を知らせないで非常に安い賃金で労働者を雇い生産しているバナナ。「南の人々の命」を犠牲にしている自由貿易のしくみも見えてくる。

　マイナス面のみを取り上げるのではなく、日本人が始めた世界からも注目されている無農薬のバランゴンバナナの「民衆交易」や、生産者の生活や環境を守る貿易である「フェアトレード」がすすんでいることも紹介したい。どんな人々が食料を作りどんな暮らしをしているのか、バナナの値段のうち生産者がもらえるのはどれだけなのかなど、暮らしと結びつけて学ぶことを大事にしたい。時間があればアジアからの「エビ」や「野菜」の輸入についても「バナナ」と同じ仕組みであることを学びたい。

　輸入食品に目を向けるために、身近な輸入食品を調べたり家の人に取材することも取り入れていっしょに考えてもらいたい。ビデオを使って具体的に学んだり、地元の野菜を使った（地産地消）給食について、地元の農家や栄養士さんからも学び、世界の子どもたちの命や未来を守るためにわたしたちはどんなことができるかを考えさせたい。

　保健としては「食事と健康」の領域であるが、総合的な学習や社会科の環境問題の授業として扱うこともできる。道徳の学習としても扱える（p20参照）。

II ねらい

● 食べ物の安全と生産者の健康について、生活と結びつけて考える。
● 民衆交易やフェアトレードの取り組みを理解する。
● 世界の子どもたちの未来を守るためにどうすればいいかを考え、
　みんなの命はみんなで守らないといけないことに気づかせる。

Ⅲ 全体計画例（全5時間）

	ねらい	内容	資料
1	バナナはどのようにしてできるかを学ぶ。	輸入食品調べをしてくる。産地国当てクイズ。バナナクイズ。「バナナのお話」の紙芝居。（フィリピンで最も多くバナナを生産しているミンダナオ島のバナナ農園のお話）	輸入食品の具体物 『アジアの子ども』p48
2	バナナの最大の輸入国フィリピンはどんな国か学び、ミンダナオ島のバナナがなぜ安いかを考える。	フィリピンクイズをしながらフィリピンについて関心を持たせる。（年中暖かい気候。物価は日本の1/5、給料は日本の1/30ぐらいといわれている。仕事が少なく外国に出稼ぎに行く人が多い） ビデオで実際の農園の様子を見る。	フィリピンの写真 『アジアの子ども』p54フィリピン ビデオ 「バナナ植民地フィリピン」 『アジアの子ども』p53 １本のバナナから見えるもの
3	バランゴンバナナとミンダナオ島のバナナとを比較する。	日本人がバランゴンバナナの民衆交易で、かつての飢餓の子どもたちを救い農民を助けていることを知る。働く人の生活や健康について考える。	バランゴンバナナの実物 『バナナとエビと私たち』
4	「地産地消」について学ぶ。	地元の野菜は、新鮮で栄養価が高いだけでなく、どんな土地でどのように作られたかがわかり人と人がつながれるよさがある。地域の農家の方の取材もできれば取り入れたい。	給食の献立表
5	討論会「世界の子どもたちの未来を守るために私たちができることは？」 ※参観日でするとベスト	フェアトレードを紹介する。まとめとして、参観などを利用して親や祖父母にも参加してもらい、昔の様子や今の買い物などでの工夫も聞かせてもらって話し合う。	先進国のフェアトレードの状況。フェアトレード商品

【参考文献・資料】
『バナナと日本人』（鶴見良行　岩波新書　1982年）
『バナナとエビと私たち』（出雲公三作・画　岩波ブックレットNo.551　2001年）
　★漫画で小学生にも読める。解説もついていてわかりやすい。
『アジアの子ども』（アジア保健研修財団「アジアの子ども」編集委員会企画編　明石書店　1994年）
ビデオ「バナナ植民地フィリピン」（アジア太平洋資料センター制作　1993年）

授業の進め方

第1時 バナナはどのようにしてできるの？

（1）目標

● 身近な輸入食品に関心をもち、南国の人々がバナナをどのようにして栽培しているのかを理解する。

（2）授業の流れ

学習活動	留意点
①輸入食品について調べたことを発表する。 「食品名」「産地国」「どこで調べたか」 ②産地国当てクイズを考える。 　最後にバナナを見せて産地国を問い、学習課題「バナナはどのようにしてできるの？」を確認。 ③バナナクイズを予想する。 　バナナのお話の紙芝居を見れば正解がわかる問題である。紙芝居を見るときに意識させる。 ④「バナナのお話」の紙芝居を見る。 ⑤紙芝居を見て感じたこと、疑問に思ったことなどを話し合う。 　バナナクイズの正解を出し合い、各自感想を学習プリントに書かせる。 ⑥ミンダナオ島のバナナ栽培の問題点を考える。 　●アルトロのお父さんの仕事はどんなこと？ 　●お父さんの具合が悪いのはなぜ？ 　●アルトロたちの願いは？ ⑦学習プリントに今日の学習でわかったこと、思ったこと、疑問、もっと知りたいことを書く。	宿題にしておく。【学習プリント1】 買い物に行ったり広告を見て調べる。 世界地図や地球儀も用意しておく。 紅茶（スリランカ）、ニンニク（中国）、エビ（インドネシア）バナナ（フィリピン）などの実物。バナナが昔は高価な果物だったことも紹介する。（30年前で1本100円ぐらい）【学習プリント2】 【資料1を使って作成】 ※本の挿絵を見ながら読み聞かせでも可。（ミンダナオ島のバナナ農園のお話。アルトロという9歳の男の子の視線でバナナ農園で農薬散布をするお父さんのことを語ったお話） ●農薬を花に注入、農薬の空中散布の場所の案内。 ●空中散布の農薬を浴びたり農薬のついた手で食事をしたり農薬のついた洗濯物を着ているから。 ●土地を返してもらって昔のように自分たちの食べ物をつくること。 【学習プリント3】 　※毎時間書き、次時に学級通信などで紹介する。

1 食べ物の向こうにアジアが見える

学習プリント1 CD 01_01

食べ物の向こうにアジアが見える
学習プリント1

年　　組　　名前（　　　　　）

輸入食品を調べよう

私たちの食べ物の中で、外国から買っている食べ物はあるかな？
買い物に行ったり、広告で見たりして調べてみよう。

食べ物の名前	どこの国で作ったか	どこで調べたか

調べて気づいたことを書こう

資料1

『アジアの子ども』
（アジア保健研修財団「アジアの子ども」編集委員会企画編集　明石書店　1994年）
※紙芝居にした「バナナのお話」はこの中の一編。

「空中散布」『アジアの子ども』p50より

学習プリント2 CD 01_02

食べ物の向こうにアジアが見える
学習プリント2

年　　組　　名前（　　　　　）

バナナクイズ

1. 日本に来るバナナはどこの国のものが一番多いか？

　　よそう（　　　　）答え（　　　　）

2. バナナは木になる。○か×か

　　よそう（　　　　）答え（　　　　）

3. バナナには花がある。○か×か

　　よそう（　　　　）答え（　　　　）

4. バナナはひとふさに何本ぐらいできるか？

　　よそう（　　　　）答え（　　　　）

5. バナナは、暑い国で作られているか？
　　寒い国で作られているか？

　　よそう（　　　　）答え（　　　　）

学習プリント3 CD 01_03

食べ物の向こうにアジアが見える
学習プリント3

年　　組　　名前（　　　　　）

メモ（「バナナのお話」を見て）

わかったこと、思ったこと
_____
_____
_____
_____

わからないこと、もっと知りたくなったこと
_____
_____
_____
_____

第2時 ミンダナオ島のバナナはどうやって作っているの？

（1）目標
●ミンダナオ島での大農園の仕事や生活の様子を知り、ミンダナオ島のバナナがなぜ安いのかを考える。

（2）授業の流れ

学習活動	留意点
①前時の学習プリントに書かれた疑問や感想を紹介する。 ※毎時間行う。次時の指導案からは省略。 ②フィリピンクイズを考える。 　年中暖かい気候。物価は日本の1/5、給料は日本の1/30ぐらいといわれている。仕事が少なく外国に出稼ぎに行く人が多い。 ③日本で一番よく売られているバナナがミンダナオ島で作られていることを知らせ、地図で位置を確認する。 ④ミンダナオ島のバナナ農園の様子をビデオで見て話し合う。 『アジアの子ども』p53を読んで考える。ミンダナオ島のバナナはなぜ安い？ ⑤ 今日の学習でわかったこと、思ったこと、疑問、もっと知りたいことを書く。 ※毎時間行う。次時の指導案からは省略。	できれば、感想を学級通信にまとめる。毎時、学習のはじめに読み合い、友だちの感想に関心を持たせる。疑問については、授業の流れとの関係で答えた方がいいものは簡単に解説。 **【学習プリント4】** **【資料2のビデオ】**（アグリビジネスのうまい言葉に乗せられて自分達の食べ物を作っていた小作農民も自営農民もバナナを作る。肥料代、農薬代などの多額の借金を背負うことになりバナナを作ることをやめられない） **【資料1 p53】** **【学習プリント5】** バナナ1本を30円とすると、ミンダナオ島の労働者には1円以下しか取り分がないこと、日本でバナナが売れない時期は余ったバナナは捨てることなどを知る（通信などで紹介する）。 **【学習プリント3】**

1 食べ物の向こうにアジアが見える

学習プリント4　CD 01_04

食べ物の向こうにアジアが見える
学習プリント4

年　　組　　名前（　　　　　　）

フィリピンクイズ

1. フィリピンの首都はどこですか？
   答え（　　　　　　　　）
2. フィリピンの面積はどのくらいですか？
   答え（　　　　　　　　）
3. フィリピンの人口はどのくらいですか？
   答え（　　　　　　　　）
4. フィリピンは島の多い国ですが、いくつくらいの島があると思いますか？
   ①7以下　②70くらい　③700くらい　④7000以上
   答え（　　　　　　　　）
5. バナナはおもにどの島でつくられますか？
   答え（　　　　　　　　）
6. フィリピンの気候には、とくちょうがあります。次のどちらでしょう？
   ①すごくあつい時と、すごく寒い時がある。
   ②雨がたくさんふる時と、まったくふらない時がある。
   答え（　　　　　　　　）
7. フィリピンでは、物を運ぶときは水牛を使っている。○か×か
   答え（　　　　　　　　）
8. フィリピンのタクシーはバイクを使っているものがある。○か×か
   答え（　　　　　　　　）

学習プリント5　CD 01_05

食べ物の向こうにアジアが見える
学習プリント5

年　　組　　名前（　　　　　　）

ミンダナオ島のバナナ農園

1. 農園の大きさはどれくらいでしたか？

2. バナナ農園の経営者はどこの国の人ですか？

3. アルトロのお父さんの給料は一日いくらですか？
   （　　　）ペソ＝（　　　　）円

4. 農薬はどうして使うのでしょうか？

5. ミンダナオ島のバナナはなぜ安いので

フィリピンの地図

資料2　「バナナ植民地フィリピン」
（制作：アジア太平洋資料センター　静止画像のビデオ30分　1993年）
申込み先：アジア太平洋資料センター（PARC）
http://www.parc-jp.org/

1本のバナナから見えるもの

なぜバナナは安いの？
バナナ1本30円とすると、フィリピンの労働者がもらうお金は1円以下。労働者の賃金がこんなにも安いからですよ（92％はアメリカや日本の取り分です）。

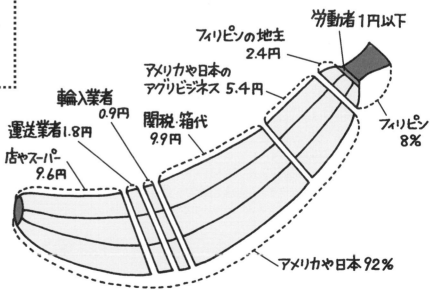

1本のバナナのねだん『アジアの子ども』p53より作成

第3時 バランゴンバナナはどんなバナナかな？

（1）目標

- 「民衆交易」のバランゴンバナナと、大農園で作るバナナとを比較する。
- 食べ物を作っている人々の労働、くらし、健康について考える。

（2）授業の流れ

学習活動	留意点
①ミンダナオ島の大規模農園を思い出す。 ②バランゴンバナナがどのように育てられるのかをウェブページで見る。 http://altertrade.jp/balangon http://altertrade.jp/archives/14371 最初にバランゴンバナナの民衆交易を始めたネグロス島の位置を地図で確認する。 ウェブページの写真を見ながら、解説（教師がわかりやすく話す）を聞き、気づいたことを話し合い、学習プリントにまとめる。 ※ウェブページ以外にも、岩波ブックレット『バナナとエビと私たち』がカラー漫画や資料などで詳しく解説されているので参考にできる。漫画は子どもにも読んで理解できる。 ③バランゴンバナナと大規模農園のバナナとの違いをグループで話し合う。 可能ならバランゴンバナナを味わいながら話し合う。 ④グループで話し合ったことを発表する。 出た意見を表にまとめる。	※「民衆交易」の意味を説明する。（無農薬で作られ、農民の自立を支援する自立支援も含めて取引する。「作る人」にも「食べる人」にも安心でおいしい食べ物の交易を通してつながり支え合う活動） 【学習プリント6】 農薬は使わない。ネグロス島では、生産者が山で自然に育てている。生産者が自分たちで出荷する。自立支援金で村のトラックを買って街の市場へ作物を売りにいけるようになった。 （自立支援金は2000年度に終了） 現在は、バランゴンバナナの民衆交易がミンダナオ島やルソン島など他の島にも広がっている。 ※**資料4** 可能なら、送ってもらって試食をする。 【学習プリント7】 - 見た目の違い、味、値段の違いなどが予想される。 - 農薬を使うか使わないかの違いをおさえ、買う人の安心・安全だけでなく、労働者の健康問題も考える。

学習プリント6　CD 01_06

食べ物の向こうにアジアが見える

　　　　　　　　年　　組　　名前（　　　　　　　）

「バランゴンバナナ」はどんなバナナかな？

バランゴンバナナのウェブページを見てまとめましょう。

1. バランゴンバナナは日本人が　　　　　ではじめた　　　　　という貿易です。

2. バランゴンバナナの民衆交易は、どんないいところがあり
   ①作る人が　（
   ②食べる人が（
   ③バランゴンバナナを通じて（

3. バランゴンバナナを箱につめるまでにどんな仕事があり
   だれがその仕事をしていますか？

4. 農薬を使わないと、どんな仕事がふえると思いますか？

5. 無農薬のバランゴンバナナはミンダナオ島のバナナとくら
   なぜ高いのでしょう？

☆みんなの意見を書きましょう。

学習プリント7　CD 01_07

食べ物の向こうにアジアが見える

　　　　　　　　　　　　　　　　　　　学習プリント7

　　　　　　　　年　　組　　名前（　　　　　　　　　　）

資料1

バランゴンバナナを育てているマシュー・ポリドさん（50才）のお話

● 家族：妻、子ども3人（12才、10才、8才）
● 作っている作物：バランゴンバナナ、お米、アヒル数わ、ぶた1頭（自分の家用）
● バランゴンバナナを育てて

《子どもたちのために始めたバランゴンバナナ》
　3人の子どもが学校に通うようになり、必要なお金をかせぐためにバランゴンバナナさいばいを始めました。

《バナナさいばいのむずかしいところ》
　なえを植えてから半年間が手間もお金もかかって大変です。病気をふせぐのも大変です。でもここクリファン（北ルソン島）では何よりも、台風の被害がしんこくです。これまでの2年間に台風3回、たつまき2回におそわれました。もう少しでしゅうかくできるという時にすべてをなぎたおされてしまいました。

《それでもバランゴンバナナを作ります》
　米作りとくらべると、かかるお金も仕事も楽です。台風の被害さえなければしゅうかくもバナナの方がいいです。また田んぼの米作りの仕事は子どもたちにはなかなか手伝えないけど、バナナの世話はいっしょにできることもあります。

《希望は……》
　とにかく今後2年間は台風も強風もたつまきも来ないでほしい。そして何とか3人の子どもたちにきちんと教育をうけさせる夢をかなえたいです。

☆大きぼ農園（ミンダナオ島のバナナ）とバランゴンバナナをくらべよう！
班で話しあってみましょう。

くらべることがら	大きぼ農園のバナナ	バランゴンバナナ

資料4　バランゴンバナナの注文先
[特定非営利活動法人APLA]
〒169-0072　東京都新宿区大久保2-4-15
サンライズ新宿3F
Tel :03-5273-8160　Fax:03-5273-8667
http://www.aplashop.jp/
E-mail:shop@apla.jp

指導メモ

※時間の余裕があれば、インドネシアのエビや中国の野菜もビデオ（アジア太平洋資料センター制作）や『アジアの子ども』（明石書店）で学べるので5次の前に取り入れたい。マングローブの森の破壊や土地の砂漠化、農薬による健康破壊もさらに深く学ぶことができる。これらの食べ物にも共通しているのは、その国の人々の食べものではなく外国へ輸出するために作物を作っていること、農薬の害などが考えられていないこと、「開発輸入」という方法で外国の大企業が儲けていることである。

第4時　「地産地消」とは？

（1）目標
●地元でとれた、旬の野菜を食べることのよさに気づかせる。

（2）授業の流れ

学習活動	留意点
●本時は、栄養士さんの協力を得られれば、共同の授業が出来て豊かな学びになる。次の展開は共同の授業によるものである。 ①旬の野菜のメリットを考える。 ●どの季節にとれるものか（旬）を考える。 ●旬に穫れた物が一番栄養があることを７月と１月のトマトの栄養価（ビタミンＣ）の比較から確かめる。 ●ビニールハウスなどの燃料費の問題を考える。 ②「地域で生産されたものを地域で消費（食べる）ことを何と言うでしょう？」 給食でどんな「地産地消」をしているか調べる。 ③「地産地消」はどんな点でいいのでしょうか？	可能であれば、校区で野菜を作っておられる方への取材も取り入れるとさらに理解が深まるだろう。 旬とは、たくさんとれておいしい時期。 【学習プリント8】 野菜、果物、きのこなどの絵をプリントして見せる。 【学習プリント9】 日本各地で旬の時期が違うから遠くから運ぶこともある。 　※栄養士さんに聞いておく 値段、温暖化問題 安全、健康、環境にいい。 新鮮で栄養価が高いだけでなく、どんな土地でどのように作られたかがわかり安心して食べられるなど人と人がつながれるよさがある。 食糧自給率が現在39％しかなく、多くの食料を外国から買っていることも知らせる。

指導メモ　※「バランゴンバナナ」のように、生産者の姿が見えて安心して食べられる取り組みの例として、地元の作物を食べる「地産地消」を第4時で扱い、第5時の「未来のためにできること」へつなぐ。フェアトレードについては、ぜひ参観で親と子どもとで学びたい。

1 食べ物の向こうにアジアが見える

学習プリント9 CD 01_09

食べ物の向こうにアジアが見え〔る〕

学習プ〔リント9〕

年　組　名前（　　　）

「地産地消」とは？

☆給食では、どんなものを「地産地消」していますか？

☆「地産地消」はどんなところがいいのでしょうか？

資料 5　農薬の種類

① 【殺虫剤】…葉や根や実や種を食べる害虫を殺す薬。毎年、世界中で200万トン使われている。DDTやエンドリン。多くは人の体に有害な発がん物質が含まれる。土の中に染みこむので、作物や飲み水や魚介類にも影響する。貧しい国々では日本では禁止されている安い農薬をまだ大量に使っていて、毎年農薬中毒で2万人以上の人が亡くなっている。

② 【防きん剤や防カビ剤】…ウドン粉病や黒斑病などの病気から作物を守る。収穫した作物が腐らないように薬をかける。食べ物から人間の体に入ると毒性が心配されている。

③ 【除草剤】…雑草を枯らす。土地がやせたり、作物がとれなくなっていずれは砂漠化してしまう心配がある。温暖化を防ぐ森林や田畑がどんどんなくなっていく。

資料 6　畑の取材例

○○さんのおじいさんの畑を取材

今は、ほうれん草をたくさん作り、水菜、菊菜、キャベツ、ねぎ、ソラ豆、白菜も作っている。ほうれん草は時期をずらして植えている。ほうれん草は、だいたい90日で収穫できる。夏は、2ヶ月で収穫できる。9月～4月までは農薬は全然使わないが、春・夏は、2000倍に薄めた揮発性のものをほんの少しだけ使っている。化学肥料は使わず、わらや油かすなどの有機肥料を使っている。困るのは鳥が野菜を食べにくること。

学習プリント8 CD 01_08

食べ物の向こうにアジアが見える

学習プリント8

年　組　名前（　　　）

旬(しゅん)の食べ物とはどういうことでしょうか？

（　　　）

食べ物を旬の季節に分けてみよう

春	夏	秋	冬

旬の食べ物のよいところは？

（　　　）

資料　旬の時とそうでない時では、栄養の量がちがうか？
野菜100g中のビタミンCの量

野菜名	旬の時の量（月）	旬でない時の量（月）
ほうれん草	85mg（12月）	20mg（9月）
ブロッコリー	160mg（2月）	83mg（8月）
トマト	22mg（8月）	13mg（2月）
じゃがいも	38mg（7月）	8mg（4月）

データ：「出回り期の長い野菜とビタミンC」,4訂食品成分表の1食品,1標準成分値を考える、女子栄養大学栄養学部、生物有機化学、辻村卓教授、2000年1月、No.97

第5時 未来のためにできることは？

（1）目標
- 「フェアトレード」という貿易もあることを知る。
- 「世界の子どもたちの未来を守るためにできることは？」のテーマで学習をふり返り、実生活にどうつなげるかを討論する。

（2）授業の流れ

学習活動	留意点
●この時間は参観などを利用し、祖父母に昔のことを語ってもらったり、父母とも今の食生活の問題を一緒に考えると豊かに学べる。 ①バランゴンバナナ以外にもコーヒー、チョコレート、サッカーボールなどのフェアトレードの取り組みがあることを紹介する。でも、グラフから日本はまだ少ないことを知る。 ②今まで学習したことを振り返りながらグループで討論をする（親、祖父母にも入ってもらう）。テーマは「世界の子どもたちの未来を守るために私たちができることは？」 ③学習で学んだことをミニレポートにまとめる。	※第4時のバランゴンバナナの試食もこの時間にしてもいいだろう。 【学習プリント10】 フェアトレードマークのついた製品を用意できればする。なければマークを紹介する。【資料7】 フェアトレードマーク

※バランゴンバナナはフェアトレード認証ではなく、「民衆交易」（意味については第3時参照）です。

子どもたちの声

■無農薬にするだけで作る人にも食べる人にも優しくなるなんて思いもしなかった。自然をはかいしなくてもすむ方法を考え出して、みんなが平等にくらせるようになっていくといいと思います。

■フェアトレードをもっとふやすなど平等な貿易にする。ちょっと虫がついていてもその野菜はしんせんだというしょうこだから農薬はあまりまかないほうがいい。近い将来フィリピンやインドネシアで公害病が発生すると思う。農薬の知識を教えたらいいと思う。

■バナナはミンダナオ島の人たちは借金を返し米などをうえたらいいと思う。農薬を使わずネグロス島の人はとても優しゅうだと思う。無農薬の方が少しぐらい高くてもいい。日本はそんなにもエビを輸入しなくてもいいんだと思う。自分たちが豊かだと輸出している国の子どもたちがかわいそうだと思う。

1 食べ物の向こうにアジアが見える

学習プリント10-① CD 01_10

食べ物の向こうにアジアが見える
学習プリント 10-①

年　組　名前（　　　　　　　）

親子で討論会―私たちの食べ物を考える―

1．産地国あてクイズ
①紅茶（　　　　　　）②コーヒー（　　　　　）
③ごま（　　　　　　）④パイナップルの缶詰（　　　　　）
⑤オレンジ（　　　　　　　）

2．日本のために食べ物を作っている南国の人々はどんなようすでしたか？

資料7 フェアトレード・ラベル・ジャパン
http://www.fairtrade-jp.org/

出た意見
・フェアトレードをする。
・環境にいいことをする。
・ポイ捨てなどはしない。
・農薬を使わないようにする。
・近くで作った野菜を買う。

参観なのでこれまでの学習の復習を入れてからフェアトレードの学習に入る。

保護者の感想

●人が生きていく上で食べ物は大変大きな役割をしています。普段口の中に入れている物についてみんなで考える事は食生活を見直す事も出来ますし又、生産者の事も学べて食そのものの意識が高まり体をいたわるようになる良い学習だと思いました。

学習プリント10-② CD 01-11

食べ物の向こうにアジアが見える
学習プリント 10-②

年　組　名前（　　　　　　　）

親子で討論会―私たちの食べ物を考える―

3．親子討論会
テーマ
「世界の子どもたちの未来を守るために
　わたしたちができることは？～食べ物のことで～」

自分の考え

同じ班で出た意見

ちがう班から出た意見

☆わかったこと、思ったこと、もっと知りたくなったこと
_____
_____
_____
_____
_____
_____

（学習プリントの解答例はCD 01_12～13）

どうしても時間がとれない時のために
1時間でもこんな授業ができます

　この実践は、5時間での実践を想定して指導案を紹介しましたが、5時間も時間が確保できないということもあると思います。そういう時に、1時間だけでも総合・道徳・社会などの時間を使って授業に取り組むことも可能です。この授業案を参考に、他のテーマでも中心的な課題を絞って1時間扱いの実践をしてみてください。

目標

●ミンダナオ島のバナナがどのように作られているのかを知り、生産者や消費者の健康について考える。

この授業に関連する道徳の徳目

[国際理解、国際親善]

〔1・2年〕　他国の人々や文化に親しむこと。
〔3・4年〕　他国の人々や文化に親しみ、関心をもつこと。
〔5・6年〕　他国の人々や文化について理解し、日本人としての
　　　　　　自覚をもって国際親善に努めること。

[真理の探究]

〔5・6年〕　真理を大切にし、物事を探究しようとする心をもつこと。

食べ物の向こうにアジアが見える
　　　　　　　　　　　　　　学習プリント
　　　　年　　組　　名前（　　　　　）

バナナクイズ
1．日本に来るバナナはどこの国のものが一番多いか？
　　よそう（　　　）答え（　　　）

2．バナナは木になる。○か×か。
　　よそう（　　　）答え（　　　）

3．バナナには花がある。○か×か。
　　よそう（　　　）答え（　　　）

4．バナナはひとふさに何本ぐらいできるか？
　　よそう（　　　）答え（　　　）

「バナナのお話」を見て、大事なことをメモしよう

◆アルトロのお父さんの給料は一日いくらですか？
　（　　　　　）ペソ＝（　　　　　）円

◆農薬はどうして使うのでしょうか？

◆ミンダナオ島のバナナはなぜ安いのでしょう？

☆わかったこと、思ったこと
＿＿＿＿＿＿＿＿＿＿＿＿＿＿＿＿＿＿
＿＿＿＿＿＿＿＿＿＿＿＿＿＿＿＿＿＿
＿＿＿＿＿＿＿＿＿＿＿＿＿＿＿＿＿＿
＿＿＿＿＿＿＿＿＿＿＿＿＿＿＿＿＿＿
＿＿＿＿＿＿＿＿＿＿＿＿＿＿＿＿＿＿

☆わからないこと、もっと知りたくなったこと
＿＿＿＿＿＿＿＿＿＿＿＿＿＿＿＿＿＿
＿＿＿＿＿＿＿＿＿＿＿＿＿＿＿＿＿＿
＿＿＿＿＿＿＿＿＿＿＿＿＿＿＿＿＿＿

1 食べ物の向こうにアジアが見える

学習活動	留意点	準備物
1．バナナクイズ	バナナに関するクイズ。 最後にバナナを見せて産地国を問い、今日の学習課題を確認する。値段も知らせ、バナナが昔は高価な果物だったことも紹介する。（30年前で1本100円ぐらい） クイズの答は、バナナのお話の紙芝居を見れば正解がわかる問題なので、紙芝居を見てから答を確かめる。	フィリピン産バナナ（実物を用意できれば用意する） 学習プリント
2．「バナナのお話」の紙芝居を見る。	ミンダナオ島のバナナ農園の様子（『アジアの子ども』より）を紙芝居にしたもの（無理なら、読み聞かせでもよい）を読む。9歳のアルトロの視線で、バナナ農園で農薬を使った仕事をするお父さんのことを語った話。	『アジアの子ども』（明石書店）
3．バナナ栽培の問題点に気づかせる。	・アルトロのお父さんの仕事はどんなこと？ （農薬を花に注入、農薬の空中散布時、目印を持って案内） ・お父さんの具合が悪いのはなぜ？ （空中散布の農薬を浴びたり農薬のついた手で食事をしたり農薬のついた洗濯物を着ている。） ・アルトロたちの願いは？（土地を返してもらって昔のように自分たちの食べ物をつくること）	
4．どうすればみんなが幸せになれるかを考え、話し合う。	・自由に意見を言わせてから、スーパーで売られているほとんどのバナナはミンダナオ島で作られていること、そのバナナとは違って、働く人や食べる人の健康を考えて作っているバナナもあることを話し、（時間が確保できるようなら総合や社会などでバランゴンバナナの学習をすることを伝える）。ふりかえりを学習プリントに書かせる。	

低～高学年 2 チョコレートのひみつ
児童労働の世界を考える

Ⅰ 教材について

　そのまま食べてもおいしく、様々な魅力的なお菓子に変身している──子どもたちが大好きなチョコレート。私たちはこれらを手頃な価格で買い求めることができる。バレンタインデーには街中にチョコレートがあふれる。日本は年間28万トン以上を消費する世界第6位のチョコレート消費国である。年間1人当たり30枚の板チョコを食べている計算になる。

　原料カカオ豆の8割がガーナ産。先進国へカカオ豆を供給するために、幼い子どもたちが過酷な労働を強いられ、学校に行くこともできずにいる。この子どもたちは、カカオ豆が何になるかも知らず、チョコレートを味わうこともない。カカオ産業における児童労働は、2000年の英メディアの報道がきっかけで欧米を中心に問題意識が広がり、チョコレート業界や企業、カカオ生産国の政府、国際機関、NGOにより様々な取り組みが行われてきた。日本では2006年にテレビ番組でガーナの児童労働問題が取り上げられたのがひとつのきっかけになり、関心が集まるようになった。

　本単元は、子どもたちにとっても身近な「チョコレート」を取り上げ、児童労働の現状やそれをなくすための取り組みについて学んでいく。同じ年頃の子どもがカカオ生産に携わり、教育を受ける権利を奪われ、健康を損ない、未来に希望を持てない状況であることを、具体的な資料や映像や詩を通じてイメージ豊かに読み取らせたい。

　児童労働で作られる商品は身近にたくさんある。2002年日韓ワールドカップの開催に合わせて、サッカーボール産業の児童労働のことがメディアに取り上げられた。これをきっかけに業界全体の取り組みがあり解決の方向に向かったことも紹介したい。

　導入の授業で、詩「そのこ」を教材として取り上げる。このことにより「そのこ」がどういう子なのか、自分たちとどういう関係があるのか、という疑問を持たせたい。学習が進むにつれ「そのこ」のことがわかってくる。そして、ACE（エース：世界の子どもを児童労働から守るNGO）の取り組みや谷川俊太郎氏の「そのこ」の誕生秘話を知ることによって、知ること・広げること・自分で行動する大切さに気づかせたい。

　取り上げる学年の発達段階に応じて、教師側から資料を提示するだけではなく「どこの国でどのような児童労働が行われているのか」また「児童労働をなくすためにどのような取り組みがされているか」「自分たちに何ができるか」など、調べ学習や討論学習につなげていく展開も考えられる。

　また学級の実態に合わせて、チョコレートではなくサッカーボールを取り上げることも有効だろう。知識を与えすぎないよう心がけ、感じたり考えたりしたことを交流する時間を多くとることにより、興味が広がっていくような授業展開を心がけたい。

【参考文献・資料】
ワークショップ教材「おいしいチョコレートの真実」（ACE　2008年）
『そのこ』（谷川俊太郎・詩　塚本やすし・絵　晶文社　2011年）
『子どもたちにしあわせを運ぶチョコレート。』（白木朋子　合同出版　2015年）
DVD「世界がもし100人の村だったら　ディレクターズエディション」（フジテレビ　ポニーキャニオン　2009年）
『チョコレートの真実』（キャロル・オフ　北村陽子訳　英治出版　2007年）
『わたし8歳、カカオ畑で働きつづけて。』（岩附由香・白木朋子　合同出版　2007年）

Ⅱ ねらい

●児童労働の実態について知り、自分の感想や考えを持ち、話し合うことができる
●フェアトレードをはじめ、児童労働をなくす様々な取り組みがあることを理解する。
●児童労働をなくすために自分たちができることは何かを考えることができる。

Ⅲ 全体計画例（全5時間）

	ねらい	内容	資料
1	詩「そのこ」を読んで、話し合う。 ※児童労働の詩であることは伏せておく。	●「そのこ」の詩を読んで、自由に感じたことや不思議に思ったことを話し合う。	谷川俊太郎「そのこ」
2	チョコレート・ガーナ・カカオ生産について知る。	●チョコレートクイズでチョコレートの生産について関心を持たせる。 ●カカオ豆の生産国ガーナの生活や、カカオ豆の生産、チョコレートになるまでの過程を理解する。	ACEのワークショップ教材 または『子どもたちにしあわせを運ぶチョコレート。』『チョコレートの真実』『わたし8歳、カカオ畑で働きつづけて。』などを参考にする。
3	児童労働の実態を知り、感じたことを話し合う。	●アペティ・コフィ兄弟がカカオ農園で働く映像を見る。 ●世界の児童労働の実態や児童労働の定義について知る。	TVドキュメンタリーのDVD ACEウェブサイトより「児童労働入門」,ILO報告
4	アペティ君たちが幸せになるためにはどうすればいいか、考える。	●カカオ豆が今より高く買い取られ、ガーナの人々の生活が安定し、子どもが働かなくてもよくなることが大切だとわかる。 ●フェアトレードの仕組みや取り組みについて知る。	※取り上げる学年の発達段階に応じて、以下のような調べ学習も。 ●フェアトレードの商品を調べる ●他の児童労働によって生産される商品を調べる。 ●各国の児童労働の実態を調べる。 ●NGOや企業の取り組みを調べる。
5	「そのこ」を再び読んで学習のまとめをする。	●誕生秘話を知り、児童労働をなくすために様々な取り組みが行われていることを知る。 ●自分達にできることを考える。	谷川俊太郎「そのこ」誕生秘話

授業の進め方

第1時 「そのこ」の詩を読もう
～「そのこ」ってどんな子？～（国語の時間を使って）

（1）目標 ● 「そのこ」の詩を読んで、感じたことや不思議に思ったことを交流し合い、自分の考えを広げたり深めたりする。

（2）授業の流れ

学習活動	留意点
①教師が黒板に1行ずつ詩を書いていく。（詩との出会わせ方が大切）	●児童労働の詩であることは伏せておく。 ●教師が黒板に書いているときに、子どもたちにどんどん自由につぶやかせる。
②声を出して何度も読む。	●「一斉に読む」「連ごとに分けて読む」「代表で一人が読む」など、いろいろな形態で音読する。飽きないように何度も読ませる。音読を繰り返すことで読めるようになり、詩の言葉を感じることができる。
③一人で読んで、予想したことや思ったこと、不思議なことなど、自由にプリントに書き込みをする。	【学習プリント1】 ●言葉を手掛かりに、一人ひとりが「そのこ」や「ぼく」「その子の世界」のことを自由に想像することを大切にしたい。「そのこ」の絵本やDVDもあるが、イメージが固定されるので使わない。
④書き込んだことをもとに話し合う。	●「そのこ」への興味が膨らんでいくようにするためにも、どのような意見も尊重する。
⑤今日の学習でわかったこと、思ったこと、疑問、もっと知りたいことを書く。	※毎時間授業の後に振り返りを書き、次時に学級通信などで紹介する。

谷川俊太郎さんの詩「そのこ」の誕生秘話

谷川氏と「世界の子どもを児童労働から守るNGO・ACE（エース）」との出会いや、詩「そのこ」を送られた経緯が、ACE代表・岩附由香さんのブログに書かれているので参照してほしい（ブログhttp://acejapan.org/blog/child-labour/12854）。
●詩「そのこ」もACEのウェブサイトで読むことができる。
　（http://acejapan.org/childlabour/books/sonokoで動画が見られます）
※誕生秘話は、第1時では子どもには伝えず、最後の第5時で伝えたい。

| 学習プリント1 | CD 02_01 |

チョコレートのひみつ

学習プリント1

年　組　名前（　　　　　　）

1. 谷川俊太郎さんの詩「そのこ」を読んでみよう。
「そのこ」ってどんな子だろう？　そうぞうしてみよう！
「そのこ」のことを　どう思う？

2. 今日の学習を終えて、わかったことや思ったこと、ふしぎに思ったことなどを書こう。

子どもの感想

● そのこは、いろいろ大変なのかもしれないし、いやなことをいっぱいされているのかもしれない。

● そのこはやりたいことができなくてかわいそう。かせいでも大人が使ってしまうなんてかわいそう。わかったことは自分はぜいたくということ。そのこはびんぼうかもしれない。いやでやらされている。とてもつらいかもしれない。そう考えるととても苦しくなる。自分もなったらどうしようと思ってしまった。…この詩はなぞがいっぱいあった。ほとんどがわからない。とくに４連。そのこのような子がいなくなってほしいと強く思った。この詩を読むとたぶん何回読んでもつらくなってしまう。この詩はすごい詩。

● 「お金のくものす」ってなあに？　ゆかにねころんだりしているのに、どうしてくもの巣にとらえられるの？　そのこの未来を考えるしゅんたろうさんはすごい。どうやってお金をかせぐの？　その子１人でかわいそう。

はなやかなバレンタインデーのかげで

　導入で、谷川俊太郎氏の「そのこ」という児童労働を扱った詩を使いました。児童労働のことは何も話さず、読んで感じたことや予想したことを発言させました。「これは奴隷の子の話？」とか「強制労働？」などいろいろな発言が飛び交う中で、「ブラックバイトのこと？」と発言した子もいました。児童労働の問題は日本の労働問題とも繋がっていることを改めて意識させてくれました。

　バレンタインデーで街が沸き立つのを毎年少し冷めた目で見ていました。けれども近年、フェアトレードのチョコ（第４時参照）をおくることにより、児童労働のことを知ってもらう良いチャンスであると思うようになりました。知ることの大事さ、広めることの大事さを私も子どもも再確認できたのです。「１年に１回のバレンタインデーに、児童労働によってチョコレートが作られていたことを思い出してくれれば…」そんなささやかな目標を立てて授業をしようと思いました。しかし、やり始めるとぐいぐい子どもがのめり込み、その感性に私は驚くばかりでした。

2　チョコレートのひみつ

第2時 チョコレートはどこから？

（1）目標

● チョコレートの原料であるカカオ豆が、どこの国でどのように生産されるかがわかる。
● チョコレートになるまでの仕組みを知り、感じたことや疑問に思ったことを話し合う。

（2）授業の流れ

※http://acejapan.org/childlabour/materials/workshop-chocolateから申込みできます。
（http://acejapan.org/childlabour/materials/workshop-chocolate2で動画が見られます）

学習活動	留意点
※ACEワークショップ教材『おいしいチョコレートの真実』付属のDVD教材を使った指導例です。 ①チョコレートクイズをする。	①【学習プリント2】 【DVDユニット1（Q1からQ4まで）】 　グラフや地図は、発達段階に合わせて、解説をしたりわかりやすい資料を補足して説明する。
②映像を見て ●「ガーナの生活」農村での暮らし、学校の様子を理解する。 ●「カカオ生産の様子」収穫の様子、子どもが行う作業を理解する。	②【DVDユニット3のチャプター1】
③映像を見てわかったこと（映像の内容）を確認し、感想を交流する。	③【DVDユニット3のチャプター2】
映像を見た後、わかったことを再確認し、みんなのものにしていくために覚えている内容を発表させ、それを板書していく（教科書のような役割）。同時に感想を交流していく。 ※前時の「そのこ」の詩の学習とは関係ないものとして、「チョコレートのひみつ」という単元の学習を進めていく。	
④輸出されて、日本のお菓子メーカーにわたるまでの簡単な説明を聞く。 ⑤今日の学習でわかったこと、思ったこと、疑問、もっと知りたいことを書く。	ガーナにはチョコレート工場はなく、カカオ豆が外国に売られて、外国のチョコレート工場でチョコレートになり売られる。

学習プリント2　CD 02_02

チョコレートのひみつ

学習プリント2

年　組　名前（　　　　　　　　）

1. チョコレートクイズ（DVDより）

Q1の答え（　　　　　　　　）
Q2の答え（　　　　　　　　）
Q3の答え（　　　　　　　　）
Q4の答え（　　　　　　　　）

2. DVDを見て……メモに使いましょう。

☆今日の学習で思ったこと、わかったこと
_____
_____
_____

☆もっと知りたくなったこと
_____
_____
_____

子どもの感想

● この授業でわかったことは、ガーナはすごい国ということです。生活では子どもも早く起きて水をくみ、その水はきたないです。安全ではないのでとても危険。学校もいすやつくえが足りない。えん筆、教科書、制服が貴重。カカオを作るのも大変そう。頭に物を置くのもいたそう（20kg近くあるカカオの実を大きなかごに入れて運ぶ）。最後に思ったことは、ガーナはかわいそうということです。

● ガーナの人は外国にカカオをたくさんわたしているのに、なんであんなびんぼうなくらしをしているのか。ガーナの人はあんなに仕事をしているのに、まずしい生活でかわいそう。

授業のスケッチ

　クラスの子どもたちは、水が不衛生であることやカカオ生産を子どもが担う作業が危険であることに気づき、どうして子どもが働いているのか疑問に思いました。また、学校に「椅子代わりのタイヤ」を転がしながら登校する子どもを見ては同情し、環境が整っていない学校の様子に驚いていました。「日本に呼んであげたい」とか「募金をしてあげたい」という感想も出てきました。そして「どうして一生懸命働いているのに貧乏なんだろう」という素朴な疑問も出てきたのです。「とても大事なことだけど、すぐに答えは見つからないかもしれないね。でも、これからこのことをずっと考えて行こうね」と話しました。

カカオ豆がチョコレートになりお店に売られるまで

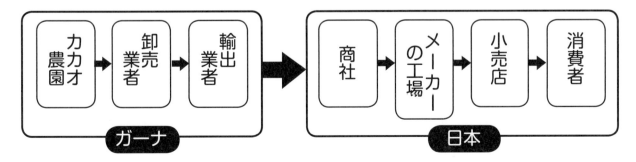

第3時 アペティとコフィ兄弟の生活から

（1）目標

● 児童労働の実態を知り、感じたことを話し合う。

（2）授業の流れ

学習活動	留意点
①映像を見て、ガーナのカカオ農園で働くアペティ兄弟（11歳と6歳）のことを知る。 ②映像を見てわかったこと（映像の内容）を確認し、感じたことを話し合う。 ③児童労働の実態について、予想を立てながら学ぶ。 ④今日の学習でわかったこと、思ったこと、疑問、もっと知りたいことを書く。	【学習プリント3】 　DVD「世界がもし100人の村だったら」収録のガーナの映像から、見てわかったことを確認しながら板書する。わかったことを話し合う中で、感想が自然に出てくるような進め方をする。 　この映像を見て「そのこ」のことに気づく子が出てくれば、詩を後日もう一度学習することを伝える。世界で児童労働をしている子どもの数や、多い地域などについては、ACEのウェブサイト「児童労働入門」に詳しく解説されている。(http://acejapan.org/childlabour/entranceを参照) 子どもの仕事（家事のお手伝い）と児童労働のちがいについて考えさせる。

授業のスケッチ①～わかったことを確認して、感じたことを話し合う～

　映像を見てしばらくすると、「詩の『そのこ』のことじゃない？」と発言した子がいました。1時間目で読んだ詩の不可解な部分が少し解明されて、詩の世界と現実の世界がつながり始めたのです。この時間が終わったら、もう一度あの詩を読み返すことを予告し、戻りました。
　一番心を動かされたのは、弟のコフィがぼんやりしていた罰としてやらされる「スクワットの場面」。ご主人に対する怒りを感じた子がたくさんいました。「見ているだけでもこわかった」「とてもせつなかった」「にげたらいいのに」と言う子に対して、「お母さんがこまる」「もっとひどいことをされるよ」「どれいみたい」と言いだす子もいました。物知りの子が奴隷について解説してくれました。

学習プリント3 CD 02_03

```
         チョコレートのひみつ
                          学習プリント3
         年  組  名前（           ）
1．今日のビデオを見て、わかったことや感想を書きましょう。
  ┌─────────────────────┐
  │                     │
  │                     │
  └─────────────────────┘
2．アペティ君たちのような働き方は、「児童労働」とよばれて
  います。「児童労働」とおてつだいのような「子どもの仕事」は、ち
  がいます。どのようにちがうか、考えてみましょう。
  ┌──┬──────┬──────┐
  │  │  予想   │  本当は  │
  ├──┼──────┼──────┤
  │児童│      │      │
  │労働│      │      │
  ├──┼──────┼──────┤
  │子ど│      │      │
  │もの│      │      │
  │仕事│      │      │
  └──┴──────┴──────┘
3．世界で児童労働をしている子どもは、およそ何人ぐらいいるで
  しょう。
  ┌──┬─────────────┐
  │予想│             │
  └──┴─────────────┘
```

子どもの感想

●コフィは4才の頃から児童労働をしていて大変だなと思った。自由が少ししかないのはかわいそう。4人に1人が児童労働をしていることがわかった。ガーナにいるアペティとコフィ達と一緒に働いている人に日本に来てほしい。お金をかせいでも、お母さんの所に送ると自分たちの食事代しかないことや、くらしのこととかも合わせて大変だなと思った。子どもだけでやるのが大変。私はその子たちを助けてあげたい。

授業のスケッチ②

子「アペティ君たちがかわいそう」
教「どうなればいいのかなあ？」
子「ガーナがびんぼうだから？」
教「貧乏ってどういうこと？」
子「働いても働いてもご飯もちゃんと食べられない」
 「子どもも働かなくてはだめなこと」
 「子どもが働くのはかわいそうだけど、働かないとお母さんも困る」
 「それなら、せめて子どもたちにたくさんお金をあげたらいいのに」
教「みんなが言うように、アペティ君たちのような児童労働をしている子どもにたくさんお金をあげればいいよね。カカオ農園で働いている大人の人にもたくさんお金をあげれば、その子どもは働かなくていいかもしれないよね。でも安いお金しかあげてないみたいだよね。安いお金で働かせたら、誰が得するのかなあ？」
教「グループで話し合ってみましょう」
　初めは、農園のおじさんが得するという答えが大半でしたが、
教「おじさんだけかなあ？」と突っ込むと、
子（黒板に図まで書いて）「こういうことに携わっている人（カカオ豆を買っている人や会社）じゃないかな？」（※前に学習した「カカオ豆が買い取られて、輸入されて日本のお菓子の工場にやってくるまでのこと」を思い出したのです）
子「ガーナから安くカカオの豆を買った人たちが、それぞれ少しずつ儲けているのではないか」
子「カカオの豆をもっと高く買ってあげたらいいんじゃないの？」
子「豆を安くしか買ってもらえないから、だからガーナは貧乏なんだ」
教「カカオの豆が高くなったらチョコレート高くなるかもね」
子「全然かまわない」（→意外！一番大きな声でそう言いきった子が、いつもは結構自分勝手だったりする子なので、ちょっと嬉しくて笑ってしまいました）

第4時 フェアトレードってなあに？

（1）目標　●フェアトレードについて知る。

（2）授業の流れ

学習活動	留意点
①アペティ君が幸せになるために、どうしたらいいか考える。 ②フェアトレードについて知る。 ●「フェアプレイ」とはどういうことか考え、「フェア」の意味について理解する。 ●「トレード」は貿易のこと。「フェアトレード」とはどんな貿易のことか考える。 ③「フェアトレードのチョコレート」について知る。 ●「フェアトレードのチョコレート」とはどんなチョコレートか、グループで予想し、発表する。 ●チョコレート産業における児童労働をなくすために、フェアトレードのチョコレートを広げることをはじめ、様々な取り組みが行われていることを知る。 ④チョコレートだけでなく、サッカーボールをはじめ様々な児童労働をなくすために、国や企業NPOの団体などが取り組んでいる様子を伝える。 ⑤今日の学習でわかったこと、思ったこと、疑問、もっと知りたいことを書く。	●前の時間に映像を見た後の感想から、話し合いを広げていくようにする。例えば「アペティ君がかわいそう」などの感想を読み合う中で、「じゃあどうしたら幸せになれるだろう？」と自然に持っていけるとよい。 【学習プリント4】 ●「フェア」について、スポーツをしている子はよく知っている言葉なので話してもらうと良い。 ●「フェア」の意味をみんなで確認し、「トレード」が貿易のことであると教えた後、チョコレートにおける「フェアな貿易」について具体的に考えられると良い。 ●フェアトレードのチョコレートを数種類見せる。【資料1】（写真でも可） ●フェアトレードのマーク（本書p18） ●フェアトレードの他の商品の紹介【資料2】（フェアトレードのマークがついたサッカーボールなど）

指導メモ　※第4時は教師から教えるのではなく、（発達段階や授業時間数などを考慮し、可能なら）「児童労働やフェアトレード」に関する調べ学習にし、発表し合うと良い。生協などのチラシにはフェアトレードの商品も多数紹介されており、身近に感じることができる。また、サッカー好きな子どもたちは、自分たちが使うボールが児童労働によって作られていたことを知れば、大きな衝撃を受け、興味をもつだろう。

学習プリント4　CD 02_04

チョコレートのひみつ

学習プリント4

年　組　名前（　　　　　　　　）

1. 「フェア」って？

2. トレード＝ぼうえき＝こうかん

3. フェアトレードとは？

4. 「フェアトレードのチョコレート」って、どんなチョコレートだろう。

5. 今日の学習を終えて、わかったことや思ったこと、もっと知りたいことを書きましょう。

資料1　フェアトレードのチョコレート

　オルター・トレード・ジャパン（ATJ）の「チョコラ デ パプア」などが日本でも売られている。商品を取り寄せたり、ネットの写真を子どもたちに見せたりしてほしい。日本のお菓子メーカーも少しずつ児童労働に頼らないカカオ豆を使ったチョコレートを作るよう意識し始めている。
「オルター・トレード・ジャパン（ATJ）」
（http://altertrade.jp/）

資料2　フェアトレードのサッカーボール

　フェアトレードのサッカーボールも実物か写真（ネットで探して）を見せてほしい。サッカーボールも少し前まではほとんど児童労働で作られていた。日本では、2002年日韓ワールドカップの時にメディアを通して多くの人がこの事実を知り、批判されてメーカーも気をつけるようになった。その結果、児童労働によって作られるサッカーボールが少なくなってきている。

子どもの感想

●わたしたちってひどかったのかも。児童労働がへってきてよかった。今も児童労働している人がかわいそう。「児童労働はやってはいけない」と義務づけてほしい。児童労働している国がどれぐらいあるのか知りたい。私たちにできることがあったらやってあげたい。フェアトレードに全部すればいいのに。ふつうに食べているチョコに、とても大変なひみつがあることがよくわかった。

●児童労働が少なくなってきてよかったと思った。チョコレートの他にも児童労働があることがわかった。チョコレートの値段を、作った人が考えるのがいいと思った。カカオを子どもががんばって作っているのに、安く買っているからかわいそうだと思った。児童労働は少なくなっているかもしれないけど、やめたほうがいいと思う。サッカーボールも前は子どもが作っていたことを初めて知った。

第5時 もう一度「そのこ」を読もう

（1）目標　●もう一度「そのこ」を読んで、自分たちにできることを考える。

（2）授業の流れ

学習活動	留意点
①「そのこ」の詩を音読する。 ②1時間目に書いた自分の書き込みや感想を読み直す。 ③新たにわかったことや、思ったことを書き込む。 ④書き込みをもとに話し合う。 ⑤詩の誕生秘話について知る。※第1時（p24）を参照 ⑥今日の学習でわかったこと、思ったこと、疑問、もっと知りたいことを書く。	●声を出して何度も音読する。 ●1時間目にわかりにくかった「その子」「ぼく」はだれのことなのか、また1回目の授業ではわかりづらかった内容や作者の伝えたかったことなどを、もう一度話し合う。 **【学習プリント5】** ●学習プリント1～5を持って帰らせ、家の人と対話することを宿題にする。

授業のスケッチ

　1時間目の詩の学習で「そのおかねでおとなはたべものをかう」を読んだときは、「ひどい大人（親）」とほとんどの子が捉えていました。けれども再び読み直してアペティ君たちのお母さんが病気であることを思い出します。また、「きっとお母さんが小さいときに働きすぎて体を壊しているのかも」と、子どもたちは話し合いの中で納得していくのです。

　この授業で「そのこ」を使うと決めたとき、この2行について私はどう解釈していいかわからず、ACEに問い合わせてみました。ACEからの回答は子どもが予想した通りでした。もちろん答えは一つではなく、本当はもっと複雑であるとも話してくださいました。子どもたちは私が何も言わなくても、しっかり自分で考えて子どもたちなりの答えを見つけていったことに感心しました。

　自由な話し合いの中で子どもたちは、谷川さんが「ぼく」であり、自分が「ぼく」でもある、というように読んでいきます。サッカーボールの児童労働が様々な取り組みで減少したこと、各国でチョコレートの児童労働への取り組みが成果を上げていることを学習してきた子どもたちだから、この詩を書いた谷川氏のすごさやACEの取り組みにも感動しました。詩を再び読むことで「知ること・広めること」の大切さを再認識し、「自分も何かできることをしたい」という気持ちがふくらんでいきました。今の自分にできることは何か考え、そんな中でまず「家族に今まで学習したことを話してこよう」となりました。

2 チョコレートのひみつ

学習プリント5 CD 02_05

```
チョコレートのひみつ
                      学習プリント5
     年  組  名前(       )
1. 今日の学習を終えて、わかったことや思ったこと、もっと知り
  たいことを書きましょう。
  ┌─────────────────┐
  │                 │
  │                 │
  └─────────────────┘
2. おうちの人に、学んだことを伝えよう。
  ・チョコレートについて
  ・アペティ兄弟の話
  ・児童労働について
  ・フェアトレードについて
  ・学んだ感想も伝えよう
  ・「そのこ」の詩を読んであげよう
3. おうちの人との会話を思い出して書いてこよう。
  ┌─────────────────┐
  │                 │
  │                 │
  │                 │
  └─────────────────┘
```

（学習プリントの解答例はCD 02_06）

詩の言葉を深く考えて

● 「ちきゅうにはりめぐらされたおかねのくものすにとらえられて」
この部分は、初めて読んだとき全然わからなかったところです。再び読み直してもすぐには何もわかりませんでした。比喩であることを確認し、「いったい何を意味しているのだろう」とみんなで知恵を絞りました。「得をする人」の話（第3時授業スケッチ②）も思い出しました。いろいろ考えたことによって、いつかこのフレーズの意味がわかるときがくるかもしれません。様々な発達段階の子に与えて考えさせたい言葉です。

● 「そのこはとおくにいる。そのこはぼくのともだちじゃない。でもぼくはしっている」
アペティ君たちは私たちを知らないけれど、私たちは彼らを知っていることに気づいていきます。そして詩の中の「ぼく」のように、自分たちは何ができるのだろうと考え始めました。

親子の対話を

学習プリントを持って帰らせ、「児童労働やフェアトレード」について親子でどのような会話がなされたか、それも書き留めさせることをお勧めします。初めて知った保護者は子どもから聞いて素直な感想を話してくれたり、以前から関心のあった保護者は知っていることや自分の考えを話してくれたりします。この対話は子どもたちにとってさらなる勉強となり、それが教室に戻され、みんなの学びにもなっていくのです。

母「普通のチョコレートを買っていたけれど、高くてもそういうチョコレートを買って大事に食べたい」

子「今度近くのお店（フェアトレード商品が置いてある）に行くので買ってみよう」

※（おうちの人と生協のフェアトレードシリーズを切り抜いてきて）フェアトレードの商品がたくさんありました。このような商品を買うことによってフェアトレードに参加することができます。と書いてきてくれた子もいました。

子どもの感想

● 今日の授業ではいろいろなことを知れた。「そのこ」のような子が減るといいなと思う気持ちが前よりも強まった。今日の朝、朝日子ども新聞で「高校生の人が、いろいろな国へ行って、児童労働をなくすための報告をする」と書いてあったから、私はいろんな国に行き、児童労働の子の動画を撮って、いろんな所に発信して、「そのこ」のような子がなくなるといいなと思った。そして、谷川俊太郎さんが「そのこ」の詩を書いていて、それを知ってもらい平和な世界になってほしい。俊太郎さんに頼んだ会社（ACE）はとてもいい会社だと思う。自分もぼ金してあげたいと思った。

● もっと、こんなひどいことをされている子どもがいるということを広めたい。でも減っている方向だと聞いて少しほっとした。…フェアトレードを増やして、未来では児童労働をゼロにしたい。今の私たちは、ぼくのように遠くの国にいるけれど、勉強したから児童労働のことを知っている。

低〜高学年　3 「すいみん」の学習

Ⅰ 教材について

　人間に限らず、生きるものすべてにとって必要な「すいみん」。私たちは、忙しい限られた時間の中で何を削るかというと、どうしても睡眠時間を削ってしまう。寝不足のまま仕事や学校に向かうことも多い。それは大人だけでなく子どもにとっても同じである。朝起きられない子どもの多くは夜寝るのが遅いからであろう。心理的な問題も多々あるが、どうしても「すいみん」の質は落ちてしまっているのではないか。

　そしてそれは、社会全体の問題としても考えることができる。働きすぎと揶揄される日本の社会で、本来動物の持っている生活サイクルを乱してまで起きていたり、また起きざるを得ない状況を作り出しているのはまさしく社会そのものに原因がある。仕事のため、受験のため、寝たい時間に寝られない、寝たいのに眠れない、そんな苦しみはだれにでも起こりうることである。

　本来「すいみん」とは、体と脳を休めるための時間である。起きている間休むことのできない脳を休ませ、記憶を整理したり、体を点検したりしながら明日の活動のための準備をする時間である。そのために、夜になると睡眠を促すメラトニンというホルモンが分泌され、眠気を起こさせる。また、人間を含めた哺乳動物には2種類の眠り方がある。レム睡眠とノンレム睡眠である。多くの睡眠時間をノンレム睡眠に割き、脳と体を休めている。一方、睡眠中でも眼球運動を続けて脳が体の中を点検している時間がレム睡眠である。動物は、それぞれの環境やリズムに合わせて睡眠の質が違う。まさに生物の進化の中で「すいみん」が位置づけられていることを表している。

　「すいみん」は大切だとなんとなく思っている私たち。大事にしたいけど思うようにできない。そんな状況の中、「すいみん」に関わる科学的な知識と、それぞれの「すいみん」の体験を結び合わせることで「すいみん」とはどういうものかを感じてほしい。今回の全体計画例では、「すいみん」に関わる科学的な知識を学び合う時間を1時間にまとめて紹介しているが、実態に応じて2時間に分けていただきたい。また、事前・事後学習として「すいみんチェックカード」の取り組みも行った。学習前後での子どもたちの変化を理解するひとつの資料になると考える。

　子どもにとっても大人にとっても、だれにとっても「すいみん」は大切であることを改めて考えるひとつのきっかけとしたい。

Ⅱ ねらい

- 人間や動物にとって「すいみん」とはどんな意味を持つのかを考え、大事だと気づく。
- 「すいみん」の科学的なメカニズムを知り、自分の「すいみん」を客観的にとらえることができる。
- 現代社会と「すいみん」との関係を考えることができる。

Ⅲ 全体計画例（全6時間）

	ねらい	内容	資料
1	動物の眠り方と人間の眠り方の違いを考え、交流する。	様々な動物の写真を見ながら、どのくらいの睡眠時間なのかをクイズ形式で紹介する。その後、人間と動物の眠り方の似ているところや違うところを考え、交流する。	動物の写真 動物の睡眠時間をまとめた資料 学習プリント1
2	自分の眠り方を客観的にとらえる。	自分はどんなふうに寝るのか（枕の有無・布団について・部屋の明るさや寝方など）をワークシートに書き、グループや全体で交流する。実際に枕や布団などを用意し、家での眠り方についての紹介をする。	学習プリント2 マット、バスタオル、枕など
3	「すいみん」を科学的に見つめる	なぜ人は眠るのかという問いを出し、体も休んで脳も休んでいる睡眠を「ノンレム睡眠」、体は休んでいるけれど脳が体の中を点検している状態の睡眠を「レム睡眠」という2種類の眠り方を紹介する。 また、「寝る子は育つ」という言葉から、睡眠と体の成長の関係を考える。成長ホルモンやメラトニンについても触れ、睡眠の役割や働きについて考える。	レム睡眠とノンレム睡眠の関係を示す図 睡眠と体の成長の関係を示す図 学習プリント3
4	「すいみん」と社会のつながりを考える。	眠らない動物はいないけど、"寝ないでがんばっている動物"として代表される人間。体のリズムの中でどうしても眠くなる夜に働く人たちについて考え、病院で勤務する看護師さんの話を聞き、睡眠と社会との関係を考える。	学習プリント4
5・6	眠りを良くするための方法を考える。	ぐっすり眠るための方法や、スッキリ目覚めるための工夫をそれぞれ考えを出し合い、実際に確かめ、自分の「すいみん」のレベルを高めあう。	学習プリント5

授業の進め方

第1時 人間はどんなふうに眠るのかな？

（1）目標　●動物の眠り方と人間の眠り方の違いを考える。

（2）授業の流れ

学習活動	留意点
①動物の眠り方を紹介する。 ●眠る時間が一番長い動物は？ ●眠る時間が一番短い動物は？ ●変わった眠り方をしている動物は？ ②人間はどんなふうに眠るのかを考える。 ●動物の眠り方と似ているところや違うところを考える。 ●考えを交流する。 ③勉強してわかったこと、もっと知りたいことを学習ノートに書き、学習を振り返る。	なるべく身近な動物の眠り方から紹介する。睡眠時間の長い・短いランキングなど、興味や実態に応じて紹介の順番を考える。【資料１】 【学習プリント１】 人間と動物の眠り方で違うところはたくさんあるが、睡眠時間中に命の危険が少ない動物（トラやコアラ、ゴリラなど）の眠り方と似ていることに気づかせたい。逆に、睡眠時間中に命が狙われる動物とは眠り方がずいぶん違うことも考えさせたい。動物と人間とは寝方が違うことを十分に感じさせたい。 毎時間書き、次時に通信などで紹介する。

保護者にも喜ばれる授業
～授業の後にいただいた保護者の感想より～

●睡眠の勉強を始めて以来、自分からすすんで布団に行き「早く寝る」という行動をとってくれるようになりました。それまでは、「寝るよ！布団に入りや！早く！」とせかされないと寝ようとはしてくれなかった…。ですから、私も「早く寝かさなければ」というあせりもなくなり、気分的に楽になりました。親子で助かっています。

●「動物の眠っている姿も、メラトニンやセロトニンのお話もどれも面白かった！」と子どもが喜んでいました。私も通信でお家の方々の『ねむれるひけつ』をとても興味深く拝見しました。何よりも子どもが今まで親に言われるから９時半に寝るという感じだったのが、早く寝ることは大切と自分なりに納得した様子がうれしいです。

3 「すいみん」の学習

学習プリント1 CD 03_01

「すいみん」の学習
学習プリント1

年　組　名前（　　　　　）

① 動物もねるのかな？
　～動物はどんなふうにねむっているんだろう？～

| ねむる時間が一番長い動物は？ | ねむる時間が一番短い動物は？ |

| かわったねむり方をしている動物は？ |

② 人間（自分）はどんなふうにねむるのかな？
　～動物のねむり方とにている所・ちがう所を考えてみよう～

・にている所

・ちがう所

・気づいたこと

③ 勉強してわかったこと

④ もっとしりたいこと

資料1

『動物たちはなぜ眠るのか』（井上昌次郎　MARUZEN BOOKS）に写真や解説が詳しくのっていますので、参考にしてください。

動物はどのくらい眠る？

　だいたい人間の平均睡眠時間は8時間です。動物はどれぐらい眠るのでしょうか。

- 20時間　オオナマケモノ、コアラ
- 18時間　オオアルマジロ
- 14時間　ネコ、ゴールデンハムスター
- 13時間　ハツカネズミ、ネズミ、ハイイロオオカミ
- 12時間　ホッキョクギツネ、チンチラ、ゴリラ、アライグマ
- 10時間　ジャガー、ベルベットモンキー
- 9時間　チンパンジー、ヒヒ、アカギツネ
- 8時間　ヒト、ウサギ、ブタ、ハリモグラ
- 6時間　ハイイロアザラシ、ハイイロワダヌキ
- 3時間　ウシ、ヤギ、アジアゾウ、ロバ、ヒツジ
- 2時間　ウマ、ノロジカ

　動物の眠りかたも様々です。魚は目をあけたまま眠る。フラミンゴは片足で立って眠る。ゴリラは、木の上に毎日ねどこを作って起きたらウンチをして出て行く。イルカや渡り鳥は、脳を半分ずつ休ませて眠るなどを紹介するといいでしょう。

第2時 自分はどんなふうに眠るのかな？

（1）目標　●自分の眠り方を客観的にとらえることができる。

（2）授業の流れ

学習活動	留意点
①前時の学習を振り返る。 　※毎時間行う。次時の指導案からは省略	学習通信を読み合い、友だちの感想に関心を持たせる。前時の学習で大切な事柄について復習し、疑問については簡単に口頭で説明。
②自分はどんなふうに眠るのかを考える。 ●寝る前にいつもすることは？ ●寝るときに枕を使いますか？ ●寝るときに布団を使いますか？ ●暑いときは… ●暗いときは… ●寝るとき部屋は明るいまま？暗くする？ ●寝る時の様子を絵で描いてみよう。	ワークシートに書きながら、自分の眠り方を客観的に見つめなおす。 **【学習プリント2】**
③自分の眠り方を交流する。	眠り方の絵を見せ合うことや、実際に教室に枕や布団を用いて眠り方を実演してもらうなど、多彩な交流を試みてもよい。

寝る前にいつもしていること（「睡眠儀式」とも言われる）
～「これはだれの寝方かな？」とクイズにしても楽しい～

- ふとんをかぶって顔をかくす。その中でまるくなる。ねる前にかならずすることは、お母さんのかたほうの手をつないで、そのままねる。
- ふとんをかぶって体をまるめる。たまに左右にころがってねる。妹とならんでねる。本を読んで、目をつぶって、ひつじを百ぴきまで数える。
- ジュースをのんで、うでたてふせをして、ドラエモンのイスをさわって、サッカーと野球のことを考えてねる。
- はをみがいて、兄弟げんかをして、あおむけで、ふとんをかぶってねる。
- 弟とじゃんけんをして、できごとを話し合う。本を読んで。まくらのはんたいでねる。
- はをみがいて、トイレをして、ふとんをきれいにして、頭をおばあちゃんにもんでもらってねる。
- トイレに行って、なかのいい友だちを思いだして、ふわふわのハートのまくらにギュッとだきついて、あったらいいなと思うことを考えてねるよ。
- はみがきをして、ぬいぐるみとしゃべって「よしよし」してからねます。ウリちゃんとねます。

学習プリント2 CD 03_02

「すいみん」の学習

学習プリント2

年　組　名前（　　　　　　）

① 自分はどんなふうにねるのかな？

1：ねる時に"まくら"を使いますか？

2：ねる時に"ふとん"を使いますか？
・あつい時

・さむい時

3：ねる時部屋は
明るいまま？　くらくする？

4：ねる時の様子を絵でかいてみよう！

↑頭

↓足

② 勉強してわかったこと

③ もっとしりたいこと

眠り方を交流しよう

居眠りのすすめ

　人間は、夜以外に午後2～4時頃も眠くなる時間帯である。午後の授業で実際に確かめてみるのもいいだろう。

　居眠りがなぜいいのかは、うとうとぐらいの浅いノンレム睡眠が脳の回復に役立ち、目覚めもすっきりし、夜の睡眠にも影響しないことである。すわって寝るのがポイント。すわって眠ると深い眠りに入る前に姿勢が保てなくなって目覚めてしまうからすっきり起きられる。

　いすに反対にすわって居眠りをしてみたり、机にうつぶせになって寝てみるといい。体を完全に横にして寝てしまうと深いノンレム睡眠に入ってしまって90分以上眠らないと寝覚めがよくない。昼寝はしすぎると夜の一回目の睡眠が浅くなる。

『ねむりのための6章』（ジャネット・ブートン　リブリオ出版）より引用

3「すいみん」の学習

第3時 なぜ人は「眠る」のかな？

（1）目標
●人間の眠り方には2種類あることがわかり、睡眠と体の成長の関係がわかる。

（2）授業の流れ

学習活動	留意点
①人間はなぜ眠るのかを考える。	眠ることの意味について考えさせる。体を休めるためなどの意見と共に、脳を休めるための時間という確認もしていきたい。 **【学習プリント3】**
②2種類の眠り方を知る。 ●ノンレム睡眠→体も休んで脳も休んでいる睡眠 ●レム睡眠→体は休んで、脳が体を点検している睡眠。このとき目は動いていて、夢もこのときに見る	表を提示しながら、人間は2種類の眠り方が交互に訪れていることを理解させる。眠りの長さによってノンレム睡眠の深さが違うことにも気づかせたい。レム睡眠とノンレム睡眠は90分サイクルといわれている資料などもあるが、子どもの実態に合わせて紹介したい。
③睡眠と体の成長の関係を知る。 ●成長ホルモン→骨や筋肉を成長させる働きをするもの ●メラトニン→夜暗くなると出るもので、眠気を起こすもの	「寝る子は育つ」という言葉から想起し、睡眠中に分泌される成長ホルモンについて紹介する。また、メラトニンという物質も夜10時から深夜にかけて分泌がピークになることも紹介し、あくびや眠気が起きる関係とも考えさせたい。**【資料2】** 眠らないことで起きる体への様々な症状を児童の意見を聞きながらまとめたい。
④もしも眠らないと、人間の体はどうなるのかを考える。	

※実態に合わせて2時間に分けて授業を組み立てていただいても可能です。

3「すいみん」の学習

学習プリント3 CD 03_03

「すいみん」の学習
学習プリント3

年　組　名前（　　　　　　　　）

① みんな（人間）ってこんなふうにねむっていたんだ？
　～人間にも2しゅるいのねむり方がある!?～

1：体も休んで、"のう" も休んでいるすいみんを、
　（　　　　　　　　　　　　　）という

2：体は休んで、"脳" が体を点検している睡眠を、
　（　　　　　　　　　　　　　）という
　→目は動いている　ゆめもこの時に見る

②「○○な子どもは育つ」!?
　～「すいみん」と体の成長のかんけい～
（　　　　　　　）…ほねやきん肉を成長させるはたらきをするもの
（　　　　　　　）…夜くらくなると出るもの　ねむ気をおこすもの

③ もしも眠らないと、人間の体はどうなるのかな？
　[　　　　　　　　　　　　　　　　]

④　勉強してわかったこと

⑤　もっとしりたいこと

子どもの感想

〈勉強してわかったこと〉
- 人はねむらないと休めないし、ねないとしんどくなったりストレスがたまる。
- すいみんは "のう" と体を休めるためにある。
- ねないと "のう" がつかれるから、すいみんは大切。
- 人間にも2しゅるいのねむり方があること。
- レムすいみんのときは、目がくるくる回っている（きょろきょろしている）こと。
- ゆめは、いろいろな記憶がまざりあってできていることがわかった。

〈もっと知りたいこと〉
- ☆ほかにレムすいみんとノンレムすいみんをしている動物はいるのか。
- ☆人間で、ねない人とか知らないから知りたい。
- ☆昼ねでもメラトニンはでているのか。

資料2 「すいみん」と体の成長の関係

（縦軸：血中濃度／起きている状態・睡眠　横軸：12　18　0　6　12（時間））

ラベル：メラトニン、成長ホルモン

夢を見ながら体の点検をしている状態（レムすいみん）

ぐっすり眠って頭の休息をしている状態（ノンレムすいみん）

神山潤（東京ベイ・浦安市川医療センター CEO）氏による図をもとに作成

第4時 眠らない動物はいないけど… 寝ないでがんばっている人ならいる

（1）目標

●睡眠と社会との関係を考えることができる。

（2）授業の流れ

学習活動	留意点
①夜眠らないで働いている人について考える。 ②看護師の方の話を聞く。	夜、眠らずに働く人たちを紹介し、本来眠りのサイクルを崩してまで働かないといけない日本の社会について少し目を向けさせたい。 **【学習プリント4】** 看護師に限らず、夜働きに出る職業の方の話を聞き、睡眠が十分にとれないことが自己責任にならないような社会づくりを考えるひとつのきっかけとしたい。

ある看護師さんの話

- 3年生の姉と4歳の妹を育てているお母さん。夫と4人家族。夫は会社員。
- 大きな病院で看護師として勤務。
- 3交代制（日勤・中勤・夜勤）で働いている。
- 小さい子どもがいるのでできるだけ夜勤は減らしているが、それでも夜勤が回ってくる時もある。
- 命を預かる仕事。ミスは許されない。
- ミスが起きないよう、必ず複数人で仕事の確認をしている。
- 夜勤の時には仮眠室での休憩時間がある。
- それでも時々眠たいままで仕事を続けないといけないことがある。
- 子育てとの両立は本当に大変。
- だからこそ夫の理解や家族の協力が本当に嬉しい。
- 病院側も家族の生活のことを考えてくれるので、いろいろな人に支えられている。

※クラスの保護者の中で、看護師やトラックの運転手の方などがいれば、ぜひ話を聞く機会を設けてみるとよい。また、最近赤ちゃんが生まれたお母さんなどに話を聞いてみるのもよい。

3 「すいみん」の学習

学習プリント4 CD 03_04

「すいみん」の学習

学習プリント4

年　組　名前（　　　　　　）

① ねむらない動物はいないけど…
　ねないでがんばっている人ならいる！！

夜ねむらないでがんばっている人ってどんな人だろう？

☆お話を聞いて

② 勉強してわかったこと

③ もっとしりたいこと

子どもの感想

〈勉強してわかったこと〉
● 病院のかんごしさんは、考えて行動したりして「すいみん」をとっていること。
● 仕事でいそがしかったら、あんまりねてなくて、しんどくなってイライラすることもある。
● 大人はすいみんは大事と思っていても、いそがしいから「てつや」もある。
● すいみんは大人にも子どもにもみんなに大切なものだとわかりました。動物にとっても、子どもにとっても。大人にとっても。
● ねないと体は休めないとわかった。

〈もっと知りたいこと〉
☆ なかなか起きられないときにはどうしたらいいのか。
☆ どうやったら自分で起きられるようになるのか。
☆ 人間は何時間ぐらいねむると一番いいかを知りたい。

眠らない社会をどう思う？

　高学年なら、宇宙から見た夜の日本列島の写真を見せて、24時間眠らない社会について考えさせたい。「エネルギーのむだづかい」「大人も眠らないのはよくない」などの意見も出てくる。深夜働く若者にガンや不妊などが多いとも言われていることも紹介したら、「8時間くらいはねむりたい」「みんなが安心してぐっすり眠れる『すいみん』にしたい」という意見もあった。大人も子どもも安心して眠れる社会であってほしい。

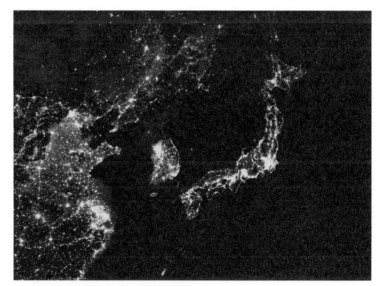

人工衛星から見た夜の日本列島周辺
PLANETOBSERVER/SCIENCE PHOTO LIBRARY/イメージナビ

第5・6時 ぐっすり眠るための工夫・スッキリ目覚めるための工夫を考えよう

（1）目標
●眠りを良くする方法を考え、自分の睡眠のレベルを高めることができる。

（2）授業の流れ

学習活動	留意点
①ぐっすり眠るための工夫・スッキリ目覚めるための工夫を考える。	グループで相談し合いながら、それぞれの工夫や実際に家で気をつけていることや取り組んでいることを書かせる。
②意見を交流する。	【学習プリント5】
③実際に実践する。 ※自分が眠るときに工夫することや気をつけることを決めて取り組む。	【資料3　すいみんチェックカード】などを活用しながら、実際に睡眠のレベルを高める取り組みを行い、検証させる。
④学習のまとめをする。	

早寝早起きのひけつ　～お家の人にインタビュー～

- （聞いた人：おかあさん）朝、早くおきる。ごはんをしっかり食べる。午前中は頭を使って勉強や読書をする。お昼からは、元気いっぱい外で体を動かして、きれいな空気をいっぱいすう。夜は、ゆっくりとおふろに入る。おふとんに入ったら今日あった楽しかったことを思い出したり、明日やりたいことを想像しながら目をとじる。つぎに目がさめたら、それはすてきな朝がはじまります。おしまい。
- （聞いた人：パパ）昼、よく運動して、よく食べて早くねる！パパの場合、よく働く。ビール2本飲む。あとはねる。すっきりめざめるひけつは、朝、顔をあらう。体そうする。パパは、わたしのめざましどけいです。
- （聞いた人：父＆母）まず、早くねむれるひけつは、ホットミルクをのんだり、ねる前に音楽をきく。その次に、すっきりめざめるひけつはねる時、早くねると朝もいつも早く起きれる。
- （聞いた人：おじいちゃん）すっきりめざめるこつは、早くねること。楽しい事を考えながらねるようにする。早くねむれるひけつは、てきとうな運動をすること。ぬるま湯にゆっくり長く入って出たらすぐにねる。
- （聞いた人：父）すっきりめざめるひけつは、よくねること。病気にならないこと。早くねむれるひけつは、昼、体を動かす。おふろにゆっくりつかって、体をぬくめる。スライスした玉ねぎをまくらもとにおく。ねむれないことを気にしない。
- （聞いた人：ママ）おきたら、まずコップいっぱいの水をのむ。ラジオ体そうをする。おふろでゆっくりあたたまる。絵本か本を読んでねる。家族でお茶をする。

3「すいみん」の学習

学習プリント5　CD 03_05

「すいみん」の学習
学習プリント5

年　組　名前（　　　　　　）

① みんなにとっても「すいみん」は大切！！
　〜ぐっすりねむるための工夫・スッキリ目ざめるための
　　工夫を考えよう！〜

1：ぐっすりねむるための工夫や気をつけていること	2：スッキリ目ざめるための工夫や気をつけていること

② じっさいにじっせんしてみよう！！
　〜自分の「すいみん」のレベルを高めよう〜

自分がねむる時に工夫することや気をつけることは？

③　勉強してわかったこと

④　もっとしりたいこと

（学習プリントの解答例はCD 03_07）

…子どもがまとめた「すいみん新聞」より…

●すいみんは大切

　すいみんがなぜ大切かというと、すいみんをしなかったら、のうも体も休まらないのでどんどんしんどくなっていくのですいみんは大切です。それにすいみんは、一日に短くても6時間ぐらいとらないとたおれてしまったりするからすいみんは大切なのです。

●大人にも子どもにもすいみんは大切

　大人にも子どもにもみんなに、すいみんは大切です。大人になると子どもの時よりもすいみん時間が短くなります。それでもすいみんをとらないとすごいさがつきます。

【参考文献・資料】
『動物たちはなぜ眠るのか』（井上昌次郎　MARUZEN　BOOKS　1996年）
『ねむりのための6章』（ジャネット・ブートン　リブリオ出版　1992年）
『睡眠の科学』（桜井武　講談社　2010年）
『夢ってなんだろう』（村瀬学　福音館書店　1989年）
『ねむりのはなし』（ポール・シャワーズ　福音館書店　2008年）
コラム「春眠暁を…」（朝日小学館新聞2010年4月15日〜17日掲載）
『イルカのねむり方』（幸島司郎・関口雄祐監修　金の星社　2014年）
『国語3年下』教科書（光村図書）
「healthクリック」（http://www.health.ne.jp）

資料3　CD 03_06　すいみんチェックカード

資料3　すいみんチェックカード　　月　日（　）にかならず持っていきましょう　　年　組　名前（　　　　　　）

	月　日（　）の夜	月　日（　）の夜	月　日（　）の夜	月　日（　）の夜
ふとんに入った時間	時　分	時　分	時　分	時　分
ふとんに入ってからねるまで	1：すぐねむれた 2：しばらくしてからねむれた 3：なかなかねむれなかった	1：すぐねむれた 2：しばらくしてからねむれた 3：なかなかねむれなかった	1：すぐねむれた 2：しばらくしてからねむれた 3：なかなかねむれなかった	1：すぐねむれた 2：しばらくしてからねむれた 3：なかなかねむれなかった
朝起きるまで何回目がさめたか	回	回	回	回
ゆめを見た	見た・見ていない	見た・見ていない	見た・見ていない	見た・見ていない
ぐっすりねむれたか	○・△・×	○・△・×	○・△・×	○・△・×
目がさめた時間	時　分	時　分	時　分	時　分
どうやって起きたか	1：自分で起きた 2：目ざまし時計で起きた 3：起こしてもらった	1：自分で起きた 2：目ざまし時計で起きた 3：起こしてもらった	1：自分で起きた 2：目ざまし時計で起きた 3：起こしてもらった	1：自分で起きた 2：目ざまし時計で起きた 3：起こしてもらった
朝ごはんを食べたか	はい・いいえ	はい・いいえ	はい・いいえ	はい・いいえ
すいみん時間を計算しましょう	時間　分	時間　分	時間　分	時間　分
すいみん時間は足りていると思いますか	1：十分足りている 2：まあまあ足りている 3：少し足りない 4：かなりすいみん不足	1：十分足りている 2：まあまあ足りている 3：少し足りない 4：かなりすいみん不足	1：十分足りている 2：まあまあ足りている 3：少し足りない 4：かなりすいみん不足	1：十分足りている 2：まあまあ足りている 3：少し足りない 4：かなりすいみん不足
調べてみて気づいたこと				

高学年

4 水俣病を考える

Ⅰ 教材について

　水俣病とはどんな病気なのか。5年生で学習する社会の教科書には1ページに四大公害病として表に小さくまとめられているが、その水俣病の欄には、「水俣湾沿岸に住む患者と家族が、病気の原因は、化学工場の排水の水銀であるとしてうったえた。1973年3月、裁判所は会社の責任をみとめ、賠償金をはらうように命じた」(東京書籍：5年下より抜粋)という内容が書かれている。

　この内容以外に、患者の苦しみや家族の苦悩、社会や環境の悪化を省みず会社の利益を追求した大きな責任、そしてそれを正そうとしてこなかった県や国の行い、なによりも人々の命よりも社会の利益や経済が優先される今の日本社会の問題点が内包されているが、それらはこの文章を読んだだけではわからない。また、水俣病は伝染病だ、人へうつる病気だという間違った情報が流れ、患者は自宅を消毒されたり他の病気の患者と隔離した病棟へ入院させられたりするなどの差別を受けたという事実には触れられていない。さらに水俣市民とは一緒に宿泊できないなど、水俣地域以外からの厳しい差別やいじめも起こったという。

　水俣市民にとってチッソという会社は市民が働く場所として大きな存在であり、企業城下町として栄えた水俣市だからこそ、チッソの不正を暴くのに大変時間がかかった。だから、水俣病に対する非難の矛先がチッソに向けられず、患者や水俣市民に向けられてしまった事実をしっかりと考えていかなければならない。

　どんな健康教育の実践を取り上げても、やはりたどり着くのは「人々の命を大切にする社会をつくること」「正しいことを知ることの大切さ」である。どの公害も、基本的には会社や企業などの利益（お金）の追求がそこで生活する人々の生活や命を軽視してしまった、という構図は変わらない。「水俣病はどうして起きたのか」この問いを解くためには工業生産や食物連鎖の仕組みなどの社会・理科にまたがる知識を要する。様々な情報を多角的に読み取り、人々の命を大切にする社会の在り方と、正しいことを知ることの大切さを少しでも感じる学習を進めていきたい。

【参考文献・資料】
「水俣病資料館」ウェブサイト　http://www.minamata195651.jp/
(※「ダウンロードしてご活用ください」と、子ども向け・大人向けの学習資料が豊富にある)
『水俣病』(原田正純　岩波新書　1972年)
『水俣病は終わっていない』(原田正純　岩波新書　1985年)
『水俣の赤い海』(原田正純　フレーベル館　2006年)
『証言　水俣病』(栗原彬　岩波新書　2000年)
『水俣の人びと　母と子でみる』(桑原史成　草の根出版会　1998年)
『いのちの旅「水俣学」への軌跡』(原田正純　岩波現代文庫　2016年)
『みなまた、よみがえる』(尾崎たまき　新日本出版社　2013年)

Ⅱ ねらい

①水俣病で苦しむ患者やその家族の思いを考えることができる。
②水俣病を引き起こした会社の問題と、発生の原因を理解することができる。
③社会や経済に目を向け、他の公害や環境を守る取り組みを調べ、自分の考えを表現することができる。

Ⅲ 全体計画例（全5時間）

	ねらい	内容	資料
1	水俣病について知る。	水俣病を発症した姉妹の資料を読み、水俣病とはどのような病気なのかを知る。また、水俣病がどのようにして発生したのかを考える。	学習プリント1 『証言　水俣病』 資料1
2	胎児性水俣病について知る。	上村智子さんとお母さんの話から、胎児性水俣病の資料を読み、改めて水俣病とはどのような病気なのかを知る。	学習プリント2 資料2
3	水俣病が発生した原因を探る。	水俣病が発生した理由を振り返り、チッソという会社が水俣湾に有毒なメチル水銀を流し続けていたという事実を知るとともに、なぜメチル水銀が流され続けたのかを考える。	学習プリント3 資料3
4	水俣病をめぐる人々の思いを考える。	水俣病にかかった患者やその家族、チッソで働く社員たち、会社や熊本県、国の考えなど、それぞれの立場に立って考え、水俣病の問題を話し合う。	学習プリント4
5	水俣病の"解決"に向けての取り組みを知る。	水俣病の患者が起こした裁判について紹介し、その後の水俣市や水俣病に関わった人たちの取り組みについて知る。	学習プリント5 資料4

授業の進め方

第1時 水俣病とはどんな病気か

(1) 目標　●水俣病とはどんな病気かがわかる。

(2) 授業の流れ

学習活動	留意点
①水俣病とはどんな病気かを知る。	水俣病にかかった姉妹について、2人のお姉さんの講演資料を読む（『証言 水俣病』p29～41）。 水俣市月浦、チッソの排水口近くに自宅。 1956年4月、5歳の娘発病。まもなく2歳11ヶ月の妹も発病。 同年5月1日、水俣病の最初の公式確認。 資料の中から水俣病になるとどんな症状が出るのかを読み取り、水俣病について考える。
②水俣病が発生した仕組みを考える。	【学習プリント1】をもとに、水俣病が発生した仕組みを講演資料の中の言葉から見つけて文章を完成させる。 ア：チッソ イ：毒 ウ：海産物 エ：水俣 また、図式化させて仕組みを理解させるとよい。 1968年3月に政府が発表 「チッソが流したメチル水銀という有毒なもの」 【資料1】
③学習プリントに勉強してわかったこと、もっと知りたいことを書き、学習を振り返る。	毎時間書き、次時に通信などで紹介する。

学習プリント1　CD 04_01

水俣病を考える　学習プリント1

年　組　名前（　　　　　）

1．水俣病とは何か
● 1956年（昭和31年）4月に発病した姉妹について

（1996年に東京で講演された時の話をもとに…）

2．水俣病はどのようにして発生したのか？

【水俣病の発生の仕組み】
●水俣病とは…　＃アーエにはどんなキーワードが入るかな？
1950年代に、（ア：　　　　）という工場がビニールの原料を作るときにいらなくなった有害な（イ：　　　　）を海に流してしまったことで、魚や貝などの（ウ：　　　　）がその（イ：　　　　）を体の中に取り込んでしまった。その海産物を（エ：　　　　）市に住む人たちや猫などが食べたことで様々な症状を引き起こした病気。

【キーワード】
●海産物
●水俣
●チッソ
●毒
図で書いてみると…

● 1968年9月に政府が発表
「原因は（　　　　　）が流した（　　　　　）という有害なもの」

●今日の学習でわかったことや感じたこと　●わからなかったことやもっと知りたいこと

『証言　水俣病』（栗原彬　岩波新書）
講演録はp29〜41にあります。

資料1　CD 04_02　水俣病にかかった患者について

今までに正確に何人の人が水俣病になったとははっきりわかりませんが…
国が水俣病と認めた（認定）された人は、平成26年3月末でこれだけです。

合計	2978人
（鹿児島県のみ）	491人
（うち熊本県のみ）	1785人
（熊本県のうち水俣市では）	965人

今までに、水俣病だと認定してもらうために申し込んでも認められなかったり、まだ認定かどうか決まっていない人が、平成24年7月で約6万5千人います。

2010年水俣市の人口はおよそ2万7千人です。（国勢調査より）

環境省ウェブサイトのデータより作成
http://www.nimd.go.jp/index.html

第2時　胎児性水俣病とはどんな病気か

（1）目標　●胎児性水俣病とはどんな病気かがわかる。

（2）授業の流れ

学習活動	留意点
①前時の学習を振り返る。 ※毎時間行う。次時の指導案からは省略	学習通信を読みあい、友だちの感想に関心を持たせる。前時の学習で大切な事柄について復習し、疑問については簡単に口頭で説明。
②母親の上村良子さんが、娘の智子さんをどんな子と呼んでいたのかを考える。	『水俣の人びと』から上村智子さんの成人式の写真を見せる。 母親の良子さんは智子さんのことを「この子は○子ですばい」と言っていました。○の中の言葉を個人で考えさせ、グループで交流させる。 **【学習プリント2】**
③「この子は宝子ですばい」に込められた良子さんの思いを考える。	良子さんが智子さんのことを「宝子」と呼ぶ理由を『いのちの旅』を読んで確認する。 ●智子さんはメチル水銀に汚染された海産物を直接食べていないこと ●良子さんが食べた水銀を智子さんがお腹のなかで吸い取ったこと などをおさえる。
④胎児性水俣病について知る。	汚染された海産物を直接食べていなくても、母親の胎内を通ってメチル水銀が蓄積して起きる病気だということに気づかせる。**【資料2】** ※理科で学習する生命の誕生の単元などとつなげながら理解を深めると良い。

「胎児性水俣病」については、水俣病資料館ウェブサイトの解説が参考になる。
http://www.minamata195651.jp/pdf/kids/manabu_8-9.pdf

4 水俣病を考える

学習プリント2 CD 04_03

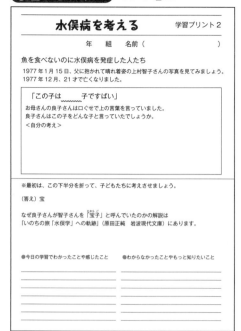

『水俣の人びと 母と子でみる』
（桑原史成 草の根出版会）
この本に上村智子さんの写真があります。

『いのちの旅「水俣学」への軌跡』
（原田正純 岩波現代文庫）
良子さんが智子さんを「宝子」と呼ぶ理由がこの本に書かれています。

資料2 胎児性水俣病とは

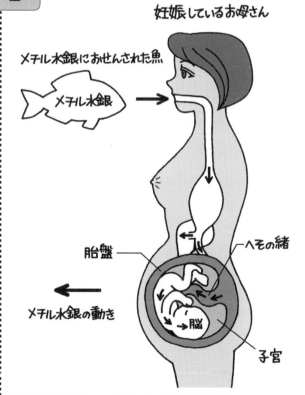

「水俣病資料館」ウェブサイトの資料より作成
http://www.minamata195651.jp/pdf/qa/qa_03.pdf

子どもたちの感想

わかったこと
- 「この子は、○子です」というのが全くわからなくて、でも答と理由を見た時、お母さんの愛情がこめられて智子さんは育ってきたんだということがわかった。
- お母さんは智子さんに感謝してるんだなと思いました。
- 人の命はそんなにかんたんになくしたらだめだと改めて思いました。

もっと知りたいこと
- もし自分が水俣病になっていたら赤ちゃんにはうつるのか。それで赤ちゃんをうむことはできるのか。
- （水銀が）なぜ母親の体内に残らず、子どもに行くのか。
- なぜ今裁判を起こさないのか。

第3時 水俣病はなぜ発生してしまったのか？

（1）目標　　●水俣病がなぜ発生してしまったのかを考える。

（2）授業の流れ

学習活動	留意点
①水俣病の発生の仕組みを振り返る。	1時で学習した講演録の資料をもとに考え、発生の仕組みについて確認する。
②チッソという会社はどんな会社かを知る。	1908年に操業を開始したチッソ。元の名は日本窒素肥料株式会社。もともとは化学肥料の生産からスタートし、1932年からはビニールの原料となるアセトアルデヒドを生産するときに有毒なメチル水銀も発生し、それを水俣湾に流し続けていたことをおさえる。 【学習プリント3】
③チッソという会社と水俣市の関係を考える。	チッソは水俣市にとってなくてはならない工場。市民の多くがチッソで働き、元工場長が市長になるなど、企業城下町として栄えた水俣市であったことを確認する。
④メチル水銀の流出がストップしたのはいつなのか。	水俣病が広がり、原因が特定されていく中で、メチル水銀を流し続けていたチッソはいつ生産を中止し、流出をストップさせたのかを【資料3】から読み取る。1932年の生産開始から実に36年もの間メチル水銀を流し続けていたことを確認する。

食物連鎖と生物濃縮については、「環境省水俣病情報センター」などの資料が参考になる。
http://www.nimd.go.jp/archives/tenji/a_corner/a06.html

学習プリント3　CD 04_04

水俣病を考える　　学習プリント3
年　組　名前（　　　　　　）

チッソという会社について
- 1908年、チッソ（当時は日本窒素肥料株式会社）が水俣にできた。
  チッソ工場は化学肥料の生産を始め、やがて日本の主要な化学工場となる。戦後の日本の経済成長を支える会社のひとつとなった。

> チッソの工場では水俣市の人たちもたくさん働いていた。
> 当時、チッソという工場は市民にとってどんな会社だったのだろうか…

- 1932年からビニールの原料となるアセトアルデヒドの生産を始めた
  → （　　）年間メチル水銀を海に垂れ流し続けていた
  メチル水銀の生産をストップしたのは（　　）年

> 1959年水俣病を研究していた熊本大学の先生が、原因は有機水銀（メチル水銀）ではないかという発表をしていたのだが…
> （感想を書く欄として使ってください）

● 今日の学習でわかったことや感じたこと　　● わからなかったことやもっと知りたいこと

資料3　メチル水銀の生産をストップしたのは

　チッソはいつまでメチル水銀を流し続けていたのかを理解するために、『水俣は終わっていない』（原田正純　岩波新書）p103のグラフを使用した。チッソのアセトアルデヒド生産量と水俣病患者の発生数を表したものだ。患者が多く発生したのが1956年。その後も増産を続け、アセトアルデヒド生産量は1960年には56年の2倍にもなった。やっと生産をストップしたのは1968年で、36年間もメチル水銀を流していたことがこのグラフからわかる。

子どもたちの感想

- これは全部会社が悪いのじゃないかなあと思いました。
- 思ったより重い病気だし、1人では生きていけないような病気だと感じました。
- チッソが原因でも市民は信じられないだろうなと思った。
- メチル水銀は危険だとわかっているはずなのになぜ流したのか。

★水俣病発生のしくみを学習した様子　〜子どものかいた図〜

第4時 水俣病で苦しんでいるのはいったい誰？

（1）目標
●水俣病に関わる人たちの思いや考えがわかり、水俣病で苦しんでいた人々は誰かを考える。

（2）授業の流れ

学習活動	留意点
①水俣病の患者やその家族、市民が起こした行動を知る。	●漁協がチッソに対してデモ活動 ●患者やその家族が会社に対して補償を求める動きや裁判へ などを【学習プリント4】の年表をもとに読み取る。 【資料4】
②チッソや国の取り組みを知る。	【学習プリント4】の年表をもとに、国や県もチッソが流出していたメチル水銀が原因だと認めた後も、メチル水銀の流出が止まらなかったのはなぜかを考えさせる。
③水俣病で苦しんでいるのは誰なのかを考える。 ●グループで交流 ●全体で話し合う	【学習プリント4】をもとに、水俣病に関わって差別や偏見で苦しむ人々について紹介する。これまでの学習を振り返って、水俣病で苦しんでいるのは誰かを考える。理由も発表させる。 予想される意見 ●患者 ●患者の家族 ●漁師 ●チッソ工場で働く人　　など

「水俣病の症状」については、水俣病資料館のウェブサイトがわかりやすい。
　http://www.minamata195651.jp/pdf/kids/manabu_8-9.pdf
また、水俣病の発生から今日までの経過については、「水俣病問題の概要」
（衆議院調査局環境調査室　2015年　p10）が参考になる。
　http://www.shugiin.go.jp/internet/itdb_rchome.nsf/html/rchome/Shiryo/kankyou_201506_minamata.pdf/$File/kankyou_201506_minamata.pdf

4 水俣病を考える

学習プリント4 CD 04_05

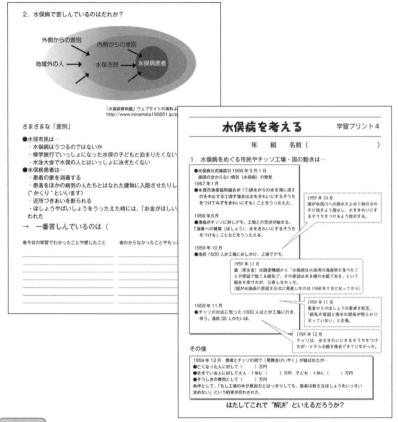

子どもたちの感想

わかったこと
- 市民から頼られる存在だった会社が水俣市の人の命をうばったり苦しんでいる原因だと知ったら、認めることも必要だと思います。
- メチル水銀の流出を1968年にやっとストップして、遅すぎると思ったけど、びっくりしたのは、1959年に熊本大学の先生が原因がわかって発表したのに…遅すぎると思いました。

もっと知りたいこと
- 排水をなぜ海に流す必要があるのか。
- なぜチッソはそこまでして商品の生産を続けたかったのか。
- メチル水銀は水俣湾以外の海までおよんだのか。

資料4 CD 04_06　水俣病と裁判

　水俣病の裁判は、たくさん起こされていました。水俣病になった人たちが、水銀をたれ流したチッソという会社と、熊本県、国を相手に、体が不自由になったことの弁償をしてもらうように、裁判を起こしたのです。

　熊本県や国も相手にした理由は次のとおりです。昭和59年ころには、チッソの水銀たれ流しで病気になる人がたくさんいたことがわかっていましたが、熊本県や国はたれ流しを止めさせなかったのです。そのために水俣病になる人が増えたので、熊本県や国にも水俣病の責任があるという理由です。

　裁判では、本当に病気の原因はチッソがたれ流した水銀なのか、また熊本県や国に責任があるといえるのか、激しく争われたために裁判が大変長びきました。そのために水俣病の人たちは大変苦しい思いをしました。

　平成7年に、国が水俣病の人たちにお金を渡すことを決めたので、裁判をしていたほとんどの人は裁判を取り下げました。

　しかし、チッソや熊本県、そして国の責任をはっきりさせたいと思って裁判を取り下げないで続けた人たちがいました。それは、水俣病の人たちの内で、関西に移住していた人たちです。大阪地方裁判所、大阪高等裁判所と裁判で勝ち続け、2004年の10月に最高裁判所でも勝ちました。新聞やテレビのニュースでも大きく報道されました。

第5時 水俣病の"解決"に向けて

（1）目標

●水俣病の"解決"に向けた取り組みを知り、「もやいなおし」に込められた人々の願いを考える。

（2）授業の流れ

学習活動	留意点
①水俣病の患者や家族が起こした裁判の結果を知る。	1969年に行われた裁判の結果を紹介し、チッソと患者の間で交わされた補償について考える。 【資料4】（p55） 【学習プリント5】
②チッソの会社は今どうなっているのか。	チッソは患者への賠償をしつつ、環境に配慮した製品作りに努めていることを紹介する。
③水俣市は今どうなっているのか。	メチル水銀で汚染された水俣湾も、長い年月をかけて除染し、現在はきれいな海にもどっていることを紹介する。
④水俣病の課題を考える。	裁判で認定されなかった多くの患者やその補償内容について触れ、未だに多くの人が苦しんでいる実態を紹介する。 また、「もやいなおし」と呼ばれる言葉の意味を紹介し、水俣病で苦しんでいる人々の未来について考える。
⑤水俣病は"解決"したのかを考える。 ●グループで交流する。 ●全体で話し合う。	これまでの学習を振り返って、水俣病は"解決"したかどうかを考え、学習のまとめをする。

「もやいなおし」については、水俣病資料館のウェブサイトが参考になる。
http://www.minamata195651.jp/pdf/qa/qa_10.pdf
また、水俣市が今どうなっているかは、水俣病資料館ウェブサイトの「エコパーク水俣の航空写真」をぜひ見せて、チッソの排水口付近がすべて埋め立てられている様子を見せてほしい。
http://www.minamata195651.jp/pdf/qa/qa_04.pdf

学習プリント5　CD 04_07

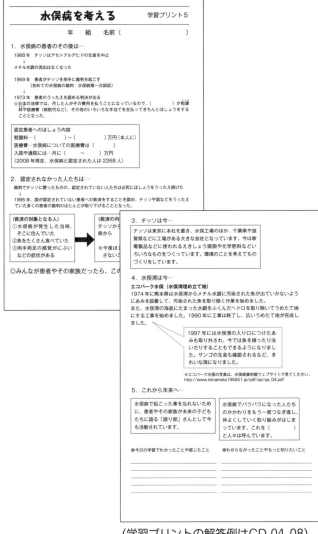

(学習プリントの解答例はCD 04_08)

まとめレポート

子どものレポートを読んだ家族の感想

- 水俣病は昔の事と思っていました。こうして今の子どもが勉強してくれることは、とても大切です。これからも起こってもおかしくないこと。とても自然の力・人間の力はこわいです。
- 利益のみ優先して、有害物質を排出し続けた結果、何の罪もない人々に悪影響を及ぼしてしまったのですね。今回学習したことで、偏見をなくして接する大切さにも気付いて良かったです。
- 国の成長期であったけど、それによる公害がさまざまあったことを私自身も習いました。このあってはならない出来事をくり返さないよう、人類すべてが考え、正していかなくてはと思います。よくまとまったレポートだと感心しました。
- 海に流出した水銀のことで、流れ出した物質はちがうけれど、原発の汚染水のことが気になりました。

低中学年

5 みんなどこから？

Ⅰ 教材について

　小学3年生までの時期に一度は試してみてほしい「命の学習」である。しかし、あなたのクラスには、家庭環境が複雑な子がいないだろうか。そのために教師は「命の学習」をすることを戸惑ってしまう。そのような子は特に「自分はどうやって生まれてきたのだろう」「どのように大きくなったのだろう」と疑問に思っていることが多い。だからこそ、こうした疑問に答えるこの学習で自己肯定感を育んでほしい。

　親にアンケートをとってみると、子どもたちは遅かれ早かれ小学校低学年までに「赤ちゃんはどこからくるの？」に類する質問をしていることがわかった。しかし、質問を受けた親の方は、ぎょっとしてしまったり変に説明的になったりと、せっかくの子どもたちの素直な問いをうまく受け止められていない実態もある。

　そこで、子どもたちが最も知りたい問い＝「自分や**みんなはどこから来たの？**」を授業のテーマとし、教師が一方的にする説明的な授業ではなく、子ども自身による出生前後のインタビューを行い、子ども自身がまとめたインタビュー用紙を一番のよりどころとして授業を組み立てたい。インタビューをもとに授業を組み立てれば、子どもたちに教えたい中身やそれ以上のものが次々と明らかになっていく。また、授業をすすめるにあたって大切にしたいのは、子どもの質問が出てから、準備した資料を提起し学習していくという展開である。そのために、毎回の授業後に「わかったこと」や「知りたいこと」を書かせる。

　インタビューで自分の生まれについて家の人が自分に一生懸命語ってくれ、そのことがクラスで話題になり、さらに友だちの話をヒントに、再び家の人に自分のことについてもっと語らせようとする。このように一人一人が親や友だちとの関係の中で自分の生まれを知るためにどんどん主体的になることができ、楽しくてやめられない学習になり得る。この「みんなどこから？」の学習は、まさしく「主体的・対話的で深い学び」であり、この時期の子どもの必要にまっすぐ応える授業といえる。

Ⅱ ねらい　　子どもはもちろん、子育て中の親も視野に入れたい。

子ども　●自分の生まれを知ることで、自分について深く知る。
　　　　●友だちと誕生前後の様子を知り合うことで、友だちとの関係を深める。

親　●我が子に誕生前後の様子を伝え振り返る中で、我が子への思いを深める。
　　●他の家庭の子どもの誕生前後を知り合うことで、親どうしが子育てについても交流できる関係になれる。

【参考文献・資料】
『性の歴史』『からだの歴史』（黒田弘行　農文協　1990年〜1992年）
『子どもの発達と診断』1〜5巻 乳児期前半〜幼児期Ⅲ（田中昌人・田中杉恵　大月書店　1981年〜1988年）
『幼い生命と健康』（荒井良　岩波新書　1991年）
『生命のふしぎ』（大利昌久監修　ほるぷ出版　1997年）

Ⅲ 全体計画例（全6時間）

	ねらい	内容	資料
1	好きな動物は？	●好きな動物を紹介し合う。 ●好きな動物を「卵から生まれる動物」と「赤ちゃんで生まれる動物」に分け、特徴をつかむ。 ●好きな動物について知っていることを交流する。	動物が生まれる前後の写真など 『性の歴史』
2	人間の赤ちゃんはどこから来たの？	●小さい頃の写真を持ち寄り、スクリーンに大きく映して「これはだれかな？」クイズをする。 ●家の方へのインタビューを宿題にする。	赤ちゃんの時の写真など インタビュー用紙
3	生まれてからの自分や友だちは？	●首がすわる、おすわり、はいはい、歩く、人見知り、夜泣き、はじめて話した言葉など、インタビューをもとに成長にまつわる学習をする。	はいはいなど成長がわかる絵 『子どもの発達と診断』
4	生まれる時の自分や友だちは？	●陣痛、破水、帝王切開、吸引分娩、へその緒がまきつく、生まれた瞬間の泣き声、生まれた時の身長・体重など、インタビューをもとに産道通過前後の大きな変化の学習をする。	母子手帳など 『幼い生命と健康』『生命のふしぎ』 資料1　赤ちゃんの頭の骨
5	お母さんのお腹の中の自分や友だちは？	●お腹をける、逆子、逆子体操、へその緒、胎盤、羊水、双子がお腹にいる時など、インタビューをもとにお腹の中で生活できる不思議さを学習する。 （授業参観におススメ）	胎児の様子や成長の絵や紙芝居など 『幼い生命と健康』『からだの歴史』『生命のふしぎ』
6	命のはじまりは？	●命のはじまりを知る。 ●まとめの感想を書く。	資料2　精子と卵子

授業を始める前に～保護者との合意をとっておく～

　できれば事前に学級通信・懇談会などで授業について保護者にお知らせしておく。なぜこの授業をするのかをきちんと伝え、授業計画も見せたりして、保護者の合意をとっておくことが大切になる。
　また、授業で使う持ち物などは幅をもたせ、ていねいに学級通信などでお願いしておきたい（たとえば赤ちゃんの写真がない場合は、1年生の時のものでもよい）。

授業の進め方

第1時 動物の赤ちゃんはどこから来たの？

（1）目標　●動物の赤ちゃんはどこから来たのかを知る。

（2）授業の流れ

学習活動	留意点
好きな動物について考える。 ①好きな動物とそのわけを書く。 ②好きな動物はどうやって仲間をふやすのかを考える。 ③卵で生まれる動物と赤ちゃんで生まれる動物とを分ける。 ④学習で思ったことや、もっと知りたくなったことを書く。（毎時間）	●時間に余裕があれば絵も描く。 ●自由に話させる。 【学習プリント1－①】 ●好きな動物の名前をカードに書いて、黒板に貼り、卵で生まれる動物と赤ちゃんで生まれる動物とに分類させる。 ●授業の終わりには、毎時間、感想やもっと知りたくなったことを書く。余裕があれば、感想を学級通信などに掲載し次時の授業のはじめに紹介するとよい。
卵で生まれる動物 ①魚のサケについて考える。 ②サケの卵イクラを観察する。 ③たくさんのイクラが、全部赤ちゃんにならないわけを考える。 ④サケはどうやって仲間をふやすか知る。 ⑤学習で思ったことや、もっと知りたくなったことを書く。	●余裕があれば、本物のイクラを見せる。 ●メスから出た卵は、オスが精子をふりかけて初めて受精卵になることや、海の中に卵が出されるので、多くの敵にねらわれる危険があることなどを理解させる。 【学習プリント1－②】 ●サケの受精のビデオや絵などを提示する。 ※『性の歴史』p50参考
赤ちゃんで生まれる動物 ①哺乳類のゾウについて考える。 ②ゾウはどうやって仲間をふやすのかを考える。 ③赤ちゃんで生まれる動物と卵で生まれる動物のちがいを考える。 ③学習で思ったことや、もっと知りたくなったことを書く。	●サケとちがって、メスのゾウの体の中にある卵子にオスのゾウが精子を送りこむことを理解させる。 【学習プリント1－③】 ●赤ちゃんで生まれる動物はお腹の中で赤ちゃんを育てて、親とよく似た赤ちゃんが生まれる。親のお乳を飲んで育つなど→人間につなげる。 ※『性の歴史』p72参考

5 みんなどこから？

動物好きな子がリードして

　時間に余裕がない場合は、第2時の人間の赤ちゃんの学習から入るとよい。しかし、動物好きな子どもが多く、動物の赤ちゃんの学習はとても盛り上がる。この学習は、好きな動物、卵で生まれる動物、赤ちゃんで生まれる動物と3時間は確保したい。また、サケ・ゾウではなく、子どもたちが家で育てている動物や学校の飼育小屋にいる動物を扱うと、学習で活躍できる子が出たり、実際に実物を見ることができるなどのよさがある。

『性の歴史』（黒田弘行　農文協）について

　参考文献としてあげた本書は、この学習におすすめの本である。著者の黒田氏はアフリカまで出かけ、さまざまな動物たちの性や子育ての姿を観察し、みごとなスケッチをしている。そのスケッチと解説を見てからこの授業に臨むと、子どもたちの知りたいことに豊かに対応できる。

第2時　人間の赤ちゃんはどこから来たの？

（1）目標

● 「人間の赤ちゃんはどこから来たの？」を考え、クラスみんなの赤ちゃんの時の様子を知る。

（2）授業の流れ

学習活動	留意点
①「人間の赤ちゃんはどこから来たの？」について知っていることや知りたいことを話し合う。	●知りたいことを自由に話させる。 　この時点では深追いせず、テーマに関する子どもの実態をつかむようにする。
②みんなの赤ちゃんの時の写真を見合う。スクリーンに映った赤ちゃんはだれなのか、クイズにしてみんなで考える。	●赤ちゃんの時の写真については、早めに家庭に知らせ、名前を書いた封筒に入れて持って来るように連絡しておく。大切な写真なので、すぐに預かり、きちんと保管しておく。
③赤ちゃんの時の自分や友だち、教師の写真を見て、気づいた点を話し合う。 例・男女がわかりにくい 　・顔がまるい 　・ぷにぷにしている 　・髪の量がちがう	●教師の赤ちゃんの時の写真も入れておくと盛り上がる。 【学習プリント2】
④今日の学習で思ったことや、もっと知りたくなったことを書く。（毎時間）	●たくさん書くことを強要しないようにする。 ●感想の他に、学習のまとめとして川柳にさせるのも楽しい。

エコーの写真も

　生まれた赤ちゃんの時の写真だけでなくエコーの写真も集まる。エコーの写真もクイズにすると、「南京豆みたいやなあ」「エコーの写真でだれかあてるのは無理や」と声があがる。エコーの写真は第4時のお腹の中で再度扱う。
　写真以外にも手型足型、母子手帳、産婦人科の診察券、へその緒の実物まで集まることもある。せっかく持ってきてくれたものなので、授業のどこかで活かすようにしたい。

学習プリント2　CD 05_04

```
┌─────────────────────────────┐
│          みんな　どこから？       │
│                    学習プリント2 │
│        年　　組　名前（　　　　） │
│ ★人間の赤ちゃんはどこからきたの？│
│ （しっていること）               │
│                               │
│                               │
│ （しりたいこと）                 │
│                               │
│                               │
│ ★みんなの赤ちゃんのしゃしんを見て気づいたことは？│
│                               │
│                               │
│ ☆おもったこと・もっとしりたくなったこと│
│ ─────────────────────── │
│ ─────────────────────── │
│ ─────────────────────── │
└─────────────────────────────┘
```

つっこみインタビュー用紙　CD 05_05

インタビューしたことで心に残ったことを、子ども自身が書く。

```
┌─────────────────────────────┐
│        つっこみインタビュー       │
│          話を聞いた人（　　　　） │
│ ※下の3つのうちどれをインタビューしたか、ばんごうに○をつけてください。│
│  1．生まれて少したってからの話 │
│  2．生まれるときの話           │
│  3．おなかにいるときの話        │
│   だいめい（　　　　　　　　　） │
│        年　　組　名前（　　　　） │
│ ─────────────────────── │
│ ─────────────────────── │
│ ─────────────────────── │
│ ─────────────────────── │
└─────────────────────────────┘
```

川柳コーナー

赤ちゃんの　かおのかたちは　もちみたい
○○くん　おめめがまるい　かわいいな
赤ちゃんは　男か女か　わからんな
赤ちゃんで　だれかあてるの　むずかしい

インタビューをはじめる前に

　事情で母親、または両親共にいない家庭へは、直接、訪問をして、インタビューの協力を家族にお願いしておくとよい。

　他の子どもたちへもインタビューの相手は、母親に固定する必要がないことを伝え、父親や祖父母等からも聞くようにしたい。父親や祖父母の目で見た誕生にまつわる話も、母親とはちがう視点でとらえた奥の深い話が発掘できる。

インタビュー用紙と一緒に持ち帰らせた保護者宛のお願い文の例

　今日、子どもたちがインタビュー用紙を持ち帰ります。大変だったこと、苦労したこと、気をつけていたことなどを話してあげてほしいと思います。

　子どもたちは、事実を知るだけで充分、満足できると思います。また、話していただいたことに関連してさらにいろいろ尋ねてきたら、わかる範囲でいいので答えてあげてほしいなと思っています。

　どんな親子の対話が生まれるのか楽しみに待っています。もちろん、お母さんにかぎらず、お父さん、おばあちゃん、おじいちゃんが話していただけたら、楽しいインタビューになるかもしれませんね。

　忙しいかと思いますが、○日までの子どもの宿題にしています。どうか、よろしくお願いします。

第3時 生まれてからの自分や友だちは？

（1）目標

●生まれてからの自分や友だちについて知る。

（2）授業の流れ

学習活動	留意点
①前時の感想・質問を紹介する。 　（できれば学級通信にまとめる）	●友だちの感想で、心に残ったものを出し合う。
②「生まれてから」についてのインタビューを読む。 例・首がすわった 　・おすわり 　・はいはい 　・歩いた 　・人見知り 　・夜泣き 　・初めて話した言葉など	【学習プリント3】 ●共通するものをかためて紹介する。
③感想や質問で、インタビュー内容を深めたり広げたりする。 ④今日わかったことやもっと知りたいことを書く。	●質問の中で家族に聞いてみないとわからないものは、もう一度家族に聞いてくるようにする。→またまたインタビュー ●まとめとして首がすわる→おすわり→立つなど、成長の順序を補足する。

またまたインタビュー

　自分の取材で友だちに聞かれたこと、友だちの取材で新しく聞いたことが自分の場合はどうだったのか知りたくなった時は、「またまたインタビュー」を行った。教室にインタビュー用紙を置いておき、必要になったら自由に持ち帰れるようにする。

インタビューを紹介する順番は？

　小学校低学年の子どもの発達段階は、自分の周囲に存在する乳児から疑問をスタートさせ、考えていく。現在の自分（目の前の現実・結果）から、生まれる前の自分（原因）へさかのぼる帰納的な順序がよい。

【インタビューの紹介順】
①生まれてから
②生まれる時（出産時）
③お腹の中

またまたインタビュー用紙 CD 05_07

みんなの話を聞いて、またインタビューしたくなったことを、家の人に聞いて書かせる。

学習プリント3 CD 05_06

みんな どこから？

学習プリント3

年　　組　　名前（　　　　　）

★「生まれて少したったころ」のインタビューを聞いて、こころにのこった話をかんたんにメモしてみよう。

れい（○○さん）おすわりができるようになって、とてもうれしそうだった。まわりをキョロキョロ見て、たのしそうに手をたたいていた。

メモらん

★せいちょうのじゅんばんの学習でわかったことは？

☆おもったこと・もっとしりたくなったこと

川柳コーナー

生まれても　きけんがいっぱい　たいへんだ
赤ちゃんは　どんどんそだつ　なぜなんだ
赤ちゃんは　おふろでねてる　いいきもち
赤ちゃんは　何見てわらう　おかしいな

またまたインタビュー

話を聞いた人（　　　　　）

※下の3つのうちどれをインタビューしたか、ばんごうに○をつけてください。

1．生まれて少したってからの話
2．生まれるときの話
3．おなかにいるときの話

だいめい（　　　　　　　　）

年　　組　　名前（　　　　　）

第4時 生まれる時の自分や友だちは？

（1）目標

●生まれる時の自分や友だちについて知る。

（2）授業の流れ

学習活動	留意点
①前時の感想・質問を紹介する。 　（できれば学級通信にまとめる）	●友だちの感想で、心に残ったものを出し合う。 ●「またまたインタビュー」をしてきた子がいれば発表する。
②「生まれる時」のインタビューを読む。 例・陣痛 　・破水 　・帝王切開 　・吸引分娩 　・へその緒がまきつく 　・生まれた瞬間の泣き声 　・生まれた時の身長・体重など	【学習プリント4】 ●あくまでもクラスの子どもの取材を大切にしながら、産道通過前後の大きな変化の学習をする。 ●深いところまで知りたがることもあるので、赤ちゃんの頭の骨の絵などを用意しておく。
③感想や質問を出す。 　赤ちゃんは頭の骨を重ねて産道を通ることを知る。 ④今日わかったことやもっと知りたいことを書く。	【資料1　赤ちゃんの頭の骨】 ●質問については、資料を用意して次時に答える。 ●必要な時は養護教諭に協力を求める。

養護教諭の力も借りる

　この実践は担任が中心になって行うが、やはり養護教諭の力も借りることが大切である。赤ちゃん人形などの具体物をはじめたくさんの資料を持っているので、事前に見せてもらうとよい。また、子どもから出る質問でわかりにくいものがあれば、相談にのってもらうとよい。

5 みんなどこから？

学習プリント4　CD 05_08

みんな どこから？

学習プリント4

年　組　名前（　　　　　）

★「生まれる時」のインタビューしょうかい

れい（○○さん）じんつうがはじまって、生まれるまでに12時間かかった。生まれた時は大きな声でないた。

メモらん

★「赤ちゃんの頭のほね」の学習でわかったことは？

☆おもったこと・もっとしりたくなったこと

川柳コーナー

うまれかた　みんなちがう　なんでかな？
赤ちゃんは　生まれた時に　すぐになく
赤ちゃんは　ほねがわかれて　ふしぎだな
○○ちゃん　よていびより　のんびりだ

資料1　赤ちゃんの頭の骨

骨格は、結合組織でつながっていて、頭は出産のとき変形し、産道を通りやすくなる

大泉門——骨がなく、膜でふさがれているだけ

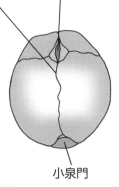

※赤ちゃんの頭のほね
- うまれてくるときの赤ちゃんの頭は約12cmあります。
- せまい道（さん道）をとおりぬけるために、頭のほねの形をかえて（小さくして）出てきます。

小泉門

縫合

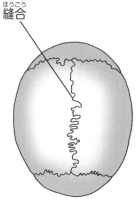

※おとなの頭のほね
- 赤ちゃんのとき、はなれていたほねが、しっかりくっついています。
- 頭のほねの形をかえることは、もうできません。

『性の歴史』（黒田弘行　農文協）より作成

参観授業について

　第4時は参観授業にするとよい。逆子の取材が多いクラスでは、逆子についての資料を準備し学習した。また、逆子体操をしていたお母さんに、参観で実際にやっていただいた。家の人にも、参観だけでなく授業のどこかで参加していただくようにした。

　また別のクラスでは、双子についてみんなの疑問が集まり、双子をもつお母さんが、お腹の中にいる時の紙芝居をつくってくださった。

第5時 お母さんのお腹の中の自分や友だちは？

（1）目標　●生まれる時の自分や友だちについて知る。

（2）授業の流れ

学習活動	留意点
①前時の感想・質問を紹介する。 　（できれば学級通信にまとめる） ②「お腹の中」のインタビューを読む。 例・お腹をける・へその緒・胎盤・羊水・双子・逆子など ③お腹の中で生活できる不思議 ●酸素・栄養をもらう→胎盤・へその緒から ●指しゃぶりをして、母乳を飲む練習 ●おしっこ→羊水に出す→赤ちゃんが飲む→へその緒・胎盤へ排出 ●羊水が赤ちゃんを守る（衝撃・温度） ④今日わかったことやもっと知りたいことを書く。	●友だちの感想で、心に残ったものを出し合う。 ●「またまたインタビュー」をしてきた子がいれば発表する。 【学習プリント5】 資料：『からだの歴史』p67-68のような子宮と胎児がわかる資料を提示する。

第6時 命のはじまりは？

（1）目標　●命のはじまりを知る。　●まとめの感想を書く。

（2）授業の流れ

学習活動	留意点
①前時の感想・質問を紹介する。 　（できれば学級通信にまとめる） ②「お腹の中の赤ちゃんの成長」について知る。 ③「命のはじまり」について知る。 ④まとめを書く。	●最後の時間になるので、疑問を残さないように配慮する。 【学習プリント6】 資料：胎児の成長過程　40日→5か月→7か月→10か月 ※『からだの歴史』p70-71のような胎児の成長過程がわかる資料を提示する。 【資料2　精子と卵子、受精卵】 ●精子と卵子の資料を出し疑問に答える。 ●一番心に残ったことを書く。 【学習プリント7】

5 みんなどこから？

学習プリント5 CD 05_09

みんな どこから？

年　組　名前（　　　）

★「おなかの中」のインタビューしょうかい

れい（○○さん）さかごだったので、とてもしんぱい なか頭が下にならなかったので、毎日、お母さんが をしていた。

メモらん

★おなかの中で、たいじ（おなかの中の赤ちゃんの せいかつできるのは、なぜでしたか？

学習プリント6 CD 05_10

みんな どこから？

学習プリント6

年　組　名前（　　　）

★たいじ（おなかの中の赤ちゃん）が、せいちょうしていくようす の学習でわかったことは？

★いのちのはじまりの学習でわかったことは？

学習プリント7 05_11

みんな どこから？

学習プリント7

年　組　名前（　　　）

の学習が終わりました。学んだことで、ここ いつもより長い文にしてまとめましょう。

資料2　精子と卵子、受精卵

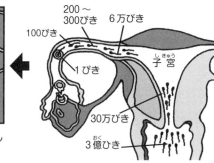

200〜300びき　6万びき
100ぴき
1ぴき
子宮（しきゅう）
30万びき
3億ひき
スタート

①せいしを大きくかいたもの（本とうの大きさは0.06mmで、1ミリを百こにわけた6つ分です）

②3億ひき（おく）のせいしのうち、らんしにたどりつけるのは1ぴきだけ！

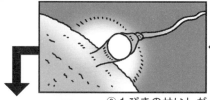

③1ぴきのせいしがらんしにたどりつく（じゅせいという）

④じゅせいから30時間あと（2つにわかれる）

⑤3日後（たくさんにわかれる）

⑥赤ちゃんがそだつへや（しきゅう）にくっつく

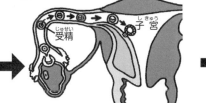　

受精（じゅせい）　子宮（しきゅう）

⑦3週間目
たったの2mmでも心ぞうがあるよ

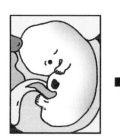

⑧8週間目
約3cmになる

『からだの歴史』（黒田弘行　農文協）より作成

中学年　**6 成長ってなんだろう？**

I 教材について

「みんなどこから？」が"生まれる性"の学習とするなら、この学習は4年生以上の子どもを対象とした"産む性"の学習である。しかし、保健の教科書にのっている第二次性徴だけを取り扱うだけでは、子どもの成長・発達について学ぶには部分的であるように考える。もっと成長そのものを学習する大単元として計画できないものかと考えていた。

田中昌人氏も著書の中で次のように述べている。

> 私は義務教育の段階で、発達についてきちんと学ぶ教科、単元がないのは大変問題だと思っています。保健の教科書では、思春期のことしか教えない、育児のまね事しか教えないというのでなく、まず自分をしっかり学ぶことをしなければいけないと思うのです。（『子どもの発達と健康教育4』かもがわ出版）

そこで「成長とはなんだろう？」という大単元の学習とし、10歳までの成長にまつわるおもしろビックリ話を取材させて、その内容から成長や発達の意味づけを学ぶ。また、1年生の教室を訪問して、いすにすわったり、国語や算数の教科書を見て今の成長を実感できる取り組みも行う。さらに、他の動物の脳と比較することでヒトの脳には、記憶したり、判断したり、考え出したり、創り出したりする力を生み出す大きな働きがあることも学ぶことで、心の成長についてもふれる。もちろん、第二次性徴の「大きくなる体」も学ぶことで、成長の一部分として学習することができる。こうした大単元で学ぶと、第二次性徴だけでなく自分の成長・発達についてより深く学習でき、自己肯定感を高める教材になる。

II ねらい

- 誕生から現在までの出来事を知り合うことで、自分や友だちの成長を確かめ合うことができる。
- 成長は外見だけでなく、脳や性器官も成長していることを知る。
- 生命を創造するからだの仕組みの神秘さやすばらしさに気づく。
- 大脳のしくみや働きを理解し、人間らしい成長について考えることができる。

【参考文献・資料】
『子どもの発達と健康教育4　田中昌人講演記録』（京都教職員組合養護教員部　クリエイツかもがわ　2002年）
『子どもの発達と診断1～5巻 乳児期前半～幼児期Ⅲ』（田中昌人・田中杉恵　大月書店　1981年～1988年）
『発達の扉〈上〉子どもの発達の道すじ』（白石正久　かもがわ出版　1994年）
『性の授業 主要展開例 小学校篇』（橋本紀子・村瀬幸浩編　大月書店　1993年）
『子どもと性』（荒井良　日本書籍　1980年）★入手困難、中古ならあるかもしれない。

Ⅲ 全体計画例（全7時間）

	ねらい	内容	資料
1	成長ってなんだろう？	●自分が考える成長について語り合う。	成長のわかる物を集めておく（4時までに）
2	おもしろ・びっくり話を集め、発表し合おう。	●自分の0～10歳までの話を家族に取材する。 ●友だちの話から、自分の話も発掘する。 ●家族にも小さいときの話を出してもらう。	資料1　取材プリント 『子どもの発達と診断』 『発達の扉』
3	「大きくなる体」 ●身長の変化 ●手根骨の変化	※この学習の前、懇談会が持てるとよい。 ●生まれた時から4年生までの体重・身長を調べ、グラフ化する。 ●手根骨の変化を調べる。	資料2　身長調べグラフ 資料3　手根骨の図
4	●1年生の教室訪問 ●成長のわかる物集め	●小さないすにすわったり、1年生の国語、算数の教科書を使って学習したりする。 ●小さい頃のくつ、手形、絵など自分の成長がわかる物を持ってくる。	小さい頃のくつ、服、おもちゃ。絵、文字を書いたノートなど
5	●身長・体重と性器官の発達のちがい ●性機能の発達による体の変化（二次性徴）	●スキャモンの発達曲線で学ぶ。 ●月経と射精を中心に保健の教科書で学ぶ。	資料4　スキャモンの発達曲線 『性の授業』
6	●心の変化について ●犬とヒトの年齢のちがい ●ヒトと他の動物との脳のちがい	●ヒトと犬年齢表を比べる。 ●人間の脳と他の動物の脳の図から比べる。 ●人間の大脳のしくみについて説明する。	資料5　ヒトと犬年齢表 資料6　動物の脳の図 『子どもと性』
7	改めて成長ってなんだろう？	●最後のまとめの感想を書く。 ●親にも書いてもらう。	

授業の進め方

第1時 成長ってなんだろう？

（1）目標　●成長について考える。

（2）授業の流れ

学習活動	留意点
①「成長ってなんだろう？」の問いをみんなで考える。 ●背が高くなる、体重が増える、いろんなことを知ったり学んだりして大きくなる。 ●言葉がちゃんとしゃべれるようになる。 ●むかしできなかったことができる。 ●食べられなかったものが食べられるようになる。 ●かげんができるようになる。 ●友だちがふえたら成長。 ●サンタクロースを信じなくなる。 ●二次性徴期の身体の変化のことなど ②今日の学習で思ったことや、もっと知りたくなったことを書く。（毎時間）	●この「成長ってなんだろう？」の問いをこの単元の最終の授業でも改めてたずねるとよい。 ●自分が考える成長について自由に話をさせる。 **【学習プリント1】** ●質問については、調べて次時に話す。

保護者の声

■この学習のおかげで子どもの成長を感じることができました。日々、自分の成長、友だちの成長を家でも話してくれて、コミュニケーションもとれました。体の成長も家ではなかなか恥ずかしくて話ができませんでしたが、こういう時間をもうけてくれた事に感謝します。

■「10歳やねんなあ。あー、よくがんばった私」などと、常日頃から「子育てしてる私（育ててあげてる私？）」が前面に出ている母親だなあと、改めて思い知らされました。子は自我がもちろん芽生えてるし、何より「育ち合ってるんだなあ」と、色々なエピソードを通して私自身自覚できて本当によかったです。

■「1年早くてもおそくても」
1年早く学習していたら少し難しい所もあったでしょうし、1年おそければ、恥ずかしくて聞けなかったり、気持ちを閉ざしてしまう子も出てくるのではないでしょうか。10歳の今、学習する課題として、とてもふさわしかったのだと感じました。子どもの心・体に合った時期を見逃さずにいて下さった先生方の、子どもに対する愛情が子どもたちに伝わってとてもよかったと思います。

成長のわかる物集め

この学習を始めるにあたって、教室に小さい頃のくつや服、おもちゃなどを持ち寄ることを呼びかけておく。子どもたちは手にとって「ちっちぇ〜」と驚いたりする。また、なぐり描きした絵、顔らしきものがある絵、文字らしきものを初めて書いたノート等を持ち寄るのもおもしろい。

学習プリント1　CD 06_01

成長ってなんだろう？
　　　　　　　　　　　　　　　学習プリント1

年　　組　名前（　　　　　　　）

1．あなたにとって成長ってなんでしょうか？

2．友だちが考えた成長とはなんでしたか？

☆今日の学習で思ったこと、わかったこと

☆もっと知りたくなったこと

学級通信1　CD 06_02

4年　組　　　　NO1

サンタクロースを信じなくなること？？？

国語の教科（上の本）で「十才を祝おう・二分の一成人式をむかえて」という学習があります。今月より総合の時間も使いながら、学年全体でじっくり取り組んでいきます。
この学習では、子ども達が生きてきた十年間をふりかえり、小さい頃のおもしろ話や、心に残る話を集めて、みんなで交流し合いたいと考えています。そして自分や友達の成長の証しをみんなで確かめ合っていけたらなあと思っています。そのために、家の方にもいろいろと力をかしていただきたい考えています。（子どもたちが思い出せない小さい頃の話や、友達の話から自分の場合はどうだったんだろう？と聞きたくなった話など・・）よろしくお願いします。
さて、この学習の一番初めに、十才の子どもが考える成長とは？どんなものなんだろうと、いきなり「成長ってなんだろう？？」って子ども達にたずねてみました。するとでるわでるわチャイムがなるまでえんえんといろんな考えがでました。

①背が高くなること
・いすにすわって足が床に届くようになったときや。すしやのまはまだ無理や。
・牛乳のむと背が高くなるで。コーヒーみたいな にがいもん飲んだら背のびへんねんて。おねえちゃんが腕立て腹筋やりすぎたら背のびへんって言ってたで。
②体重が増えること
・マヨネーズのむと体重増えるで。
・筋肉と脂肪やったら筋肉が増えた方がええで。ほんじゃあ筋肉増えるのが成長か？
③いろいろなことを知ったりいろんなことを学んで大きくなること
・ああ〜脳の成長やんて。しわしわになるんやて。魚食べたら、脳の働きがよくなるんやて。魚にDなんとかというのがあるからや。
④自分より年下の人が増えること
・ほんなら自分より年上の人がへることでもいいわけ？
⑤ひとつ、ふたつ、みっつとここのつまでは「つ」がつくけど10才になったら

かへん。だから、9才から10才になったらすごく成長してるってこと。
・ひとけたがふたけたになる。誕生日がくることかな？
⑥言葉がちゃんとしゃべれるようになること
弟をみてたら、「たちつてと」や「さしすせそ」が言われへん。うちの妹もそうそう。
⑦友だちがふえたら成長
・え〜そうかなあ？？むかしははずかしくて友だちをつくれなかったけど、成長したら自分からつくれるようになる。
⑧むかしできひんかったことができるようになること
たとえば？鉄棒の前回り！野球
・できなかったことでも挑戦しようという気持ちになることもそうかな？
⑨食べられなかったものが食べられるようになる
たとえば？わさび、ピーマン、さんま、飲み物では炭酸、お酒。
⑩感じたり聞いたりすることがうまくなる
⑪とんだり走ったりの遊びがへってくること
かわりに編み物、パチンコ、テレビゲーム。
⑫サンタクロースを信じなくなること
⑬ゲームを卒業すること
⑭有名人になること
⑮仕事ができるようになること
⑯車の運転やバイクにのれるようになること
⑰わがままがなくなって、がまんもできるようになること
⑱かげんができるようになること
・むかしおかわりしすぎて残してしまった。弟とけんかしてかげんできるようになった。
⑲友だちと別れて新しい学年になっていくこと
⑳いろいろ思い出ができること

10才の子どもたちの成長のとらえ方って実にさまざまですね。今は0才から3才まで位のおもしろ話や心に残ってる話を交流しています。授業で言い足りなかった話は、休み時間にもいろいろ言いに来てくれます。「デパートで迷子になったけど、ふとん売り場のふとんで寝ていた」「どうしてもうまくピースができなくて（チョキをつくるのも苦手だったとか）手を下の方にしてして写真とった。」・・などなど。こんなエピソードに成長・発達の勉強も少し入れながら深め合っていきます。
この成長の勉強を続けたあと、自分や友達の成長について、再度たずねたいなって思っています。さて、どんなふうになってるでしょうね？

第2時 10歳までのおもしろ・びっくり話を発表し合おう

（1）目標　●自分や友だちの成長にまつわる話を知る。

（2）授業の流れ

学習活動	留意点
①前時の感想・質問を紹介する。 （できれば学級通信にまとめる） ②10歳までのおもしろ・びっくり話を集めて発表し合う。 ③今日の学習で思ったことや、もっと知りたくなったことを書く。	●友だちの感想で、心に残ったものを出し合う。自分の0〜10歳までの話を家族に取材することを宿題に出しておく。 【資料1 取材プリント】 ●友だちの話から、さらに自分の話を発掘させてもよい。 【学習プリント2】 ●取材の話に発達の意味づけをする。 ●質問については、調べて次時に話す。

取材の話に発達の意味づけを

　タオルやぬいぐるみを片時も離さなかった話→「心の杖」、ピースやチョキができなかった話→「指の発達」、棚あさりや迷子の話→「探求心」、友だちが初めてできた話→「人間は社会的な動物」、ごっこ遊びの話→「見立て遊びの大切さ」など、楽しく対話するだけでなく、『子どもの発達と診断』（大月書店）などの文献をもとにエピソードへの「発達の意味づけ」もしながら学習をすすめていきたい。

取材の話は他の科目の授業時間に

　子どもたちのおもしろびっくり話は大ヒットまちがいない。かなりの数の取材が集まるので1時間では収まらない。できれば作文として国語の時間や、総合の時間などに行うことをおすすめする。

学習プリント2　CD 06_04

成長ってなんだろう？
学習プリント2

年　組　名前（　　　　　　）

1. 今日の「おもしろびっくり話」で、心にのこったこと

2. 「おもしろびっくり話」から、成長についてわかることは？

☆今日の学習で思ったこと、わかったこと

☆もっと知りたくなったこと

資料1　CD 06_03　取材プリント

資料1　取材プリント　　　　名前（　　　　　　）

「成長ってなんだろう？」の学習をはじめます。
今よりも小さかったころの話で、びっくりした話、おもしろかった話、心に残っている話を書いてください。
下の1、2、3のどのころの話なのか番号に○をつけて書いてください。

1. 小学校にあがってから（　　年生）
2. 幼稚園、または保育所のころ（　　才ころ）
3. もっと小さいころ（　　才ころ）

題名（　　　　　）　話を聞いた人（　　　　　）

★取材例
【家出】2才ころ？（F）
お父さんに聞いた話だけど、何才かわからんけど、リュックにゲームとかをつめて、お父さんが「どこへ行くん？」と聞いたら「いえで」といってたらしい。三輪車に乗って家出したらしい。

学級通信2　CD 06_05

4年　組　　　NO.2

ピースやジャンケンがむつかしい

手や指がなかなか自由に動かなかったころの話や、ジャンケン遊びもむずかしかったころの話でもりあがりました。

「かわいそうなハムスター」　S（2才）
2才ころにハムスターをかっていてそれをさわる時に、力を入れてさわっていたらしいです。ハムスターがちょっとペチャ〜となっていた。（※写真も持ってきてくれた。）とてもかわいそう！今みたら。

★くわ原田さんのハムスターは、ぼくも写真を見たらかわいそうと思ったけど、小さいころはしょうがないと思った。（こう）

「ピースができない」　I（1〜3才）
わたしは、ピースができず、写真をとるとき、いつも手の方を向き、ピースをしようとがんばっていました。いつもお母さんか、おばあちゃんに「こっちむいて」と言われてました。（※写真も持ってきてくれた。）

★Iさんが、ピースをできてないって聞いて、家に帰って写真をあさってたら、なんかピースができてないから、お母さんに聞いたら「そうやで。できてなかってん。」って言ったからちょっとびっくりしました。（N）

★小さいころは自分もチョキができなかったかなと思う。（T）

★ピースができない今岡さんの話が心に残った。（出口）

「ジャンケン」　I（5〜6才）
ほいく所の時、ジャンケンの勝負がわからなくて、ぜんぜん意味がわかりませんでした。お母さんのお友だちの人が教えてくれたので安心しました。今でもわすれられません。ジャンケンを覚えた時、とてもおもしろかったです。ほんとうにジャンケンを覚えてよかったです。

★Iさんのジャンケンの話がおもしろかった。私もそんなけいけんがあったかもしれない。一番小さい弟が5才で、ず〜っとパーを出していて、まん中の弟は、その弱点を見て、チョキを出していた。（A）

★ぼくも5才まで、ジャンケンがわからなかった。（A）

★Iさんが、ジャンケンのことで書いていて、ジャンケンも成長にかんけいがあることを知った。6才ぐらいになれば、ジャンケンの意味がわかってくることがわかった。（M）

へんてこな買い物話

その1　しじみ　K（3才ころ）
どっかのスーパーに行ったら、お母さんが、
買い物をしていて、買い物かごの中にしじみが
入っていたそうです。（※ちなみにK君はしじみが大好きだそうです。）

その2　犬の人形　A（2〜3才）
年私は買い物に行って、おもちゃ売り場に行ってその時にかっていた犬ににておだ人形がおいてあったので、それを持ってお母さんとお父さんからにげまわって、つかまって、買ってもらいました。

★私はK君のしじみが入ってたというのがおもしろかったと思う。小さいころ、ドラえもんののばんそうこを買ってもらって、二箱ほしかったから、お母さんがみてない間に買い物かごにバンソコをもう1箱入れた。（T）

第3時 大きくなる体　その1 身長の変化

（1）目標　●体の成長を理解し、自分自身が成長途中の段階であることを知る。

（2）授業の流れ

学習活動	留意点
①前時の感想・質問を紹介する。 ②誕生時から4年生までの身長を調べ、グラフに表す。 ③グラフから気が付いたことを話し合う。 ④手根骨の図を見て変化を知る。 ⑤今日、わかったことやもっと知りたいことを書く。	●友だちの感想で、心に残ったものを出し合う。 ●健康診断表、母子手帳などを参考に書かせる。 【資料2　身長調べグラフ】 【学習プリント3】 ●誕生から1歳までの身長がすごく伸びることに注目させる。 【資料3　手根骨の図】 ●身長はなぜ伸びるのか等の難しい質問については、栄養士や養護教諭などの力を借りて調べる。

栄養士さんと骨の授業

　身長や体重の学習後、「なぜ、背はのびるか？（背がのびたい！）」を知りたい子が多く、栄養士さんに頼んで「なぜ骨がのびるのか」という授業をしてもらった。栄養士さんは骨のどこの部分からのびるのかがわかる教具を作り、骨をのばすもとのカルシウムの話もていねいにしてくださった。カルシウムが体に入るには、太陽やビタミンDが必要なこと、カルシウムは毎日入れ替わっていて、20歳ぐらいまでしか骨の中にためられないことも教えてくださった。また、手根骨がわかる写真を提示し、成長と共に手根骨もふえていくことを教えてくださった。
　「身長はなぜのびるか？」という子どもたちの問いにまっすぐ答える授業を組み立ててくださったおかげで、「こんなにもしあわせなクラスは全国さがしてもないです！ また

資料3　手根骨の化骨（しゅこんこつ　かこつ）

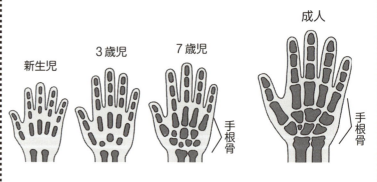
全国学校給食用牛乳供給事業推進協議会「ミルク新聞」より作成

きてね！」と自分たちの問いで学べる授業をとても喜んでくれた。難関の二次性徴の学習に向かうエネルギーをつくる授業にもなった。びっくり・おもしろ話をたっぷり話し合った長い助走があったこともとても重要だった。

学習プリント3　CD 06_07

成長ってなんだろう？

学習プリント3

年　組　名前（　　　　　）

1. 自分の身長グラフから気がついたことは？

2. 友だちの身長グラフから気がついたことは？

☆今日の学習で思ったこと、わかったこと
_____
_____
_____

☆もっと知りたくなったこと
_____
_____

資料2　CD 06_06　身長調べグラフ

資料2　身長の変化をグラフにしてみよう！　名前（　　　　　）

時期	誕生時	1才	2才	3才	4才	5才	6才	1年	2年	3年	4年
身長 cm	cm	cm	cm	cm	cm	cm	cm	cm	cm	cm	cm

（グラフ：160, 155, 150, 145, 140, 135, 130 cm）

★身長のグラフづくり

　生まれた時から4年生までの身長を調べ、グラフに書き込んでいく（体重については恥ずかしがる子どもがいるので省略）。

　1～4年までの資料は学校の健康診断表を借りて記入できる。それ以外は家にある母子手帳などを参考に書いてもらう。ただし、保管していない家庭もあるので、無理に書かなくてもいいという表記をし、配慮することが大切である。

　子どもたちは「1年との差が16cmもあった。成長ってすごいパワーと思った」「なんで身長はのびるのかなあ？」などいろいろな意見を出してくれる。

学級通信3　CD 06_08

4年　組　　NO.3

「身長と体重」を調べて

調べてわかったこと
★生まれた時から1才になるまでの身長がものすごくのびていた。（N）
★身長は、大きくなるにつれ、あんまりのびていなかったけど、小さいころは、ぐんぐんのびていた。（S）
★生まれた時は、ほかの小さなケースに入っている子より小さくて、泣き声も小さくて、小さいづくしでした。（M）
★身長は生まれてからず～とのびて、体重もず～っとふえていることがわかった。
★Aさんの手のコピー（1才）って○先生の手とくらべたらすごい差でびっくりしました。（S）

感想
★赤ちゃんが生まれてこんなんも成長するなんてすごいことだと思う。（H）
★身長がのびるのはすごい！と思った。人間の体はすごいなあ～！。（T）
★まだ、なってないけど、5年になっても体重とか身長がふえるのが楽しみ。（K）
★身長もぐんぐんのびたいので、もりもり食べます。（R）
★けっこう楽しい勉強だ。（M）
★この先いっぱ～い成長したい！するようにがんばろ～！（A）
★自分のことは、わかっていたと思っていたのに、意外とわかってなかったんだなあと思いました。（M）

学級通信4　CD 06_09

4年　組　　NO.4

ほねの話でもりあがる

太陽の光をあびて、右手に牛乳、左手にきのこりい、食べながら走る！！っていいこと？？だよねー（K）

4年2組にえいようしさんが来た！　S
M先生（栄養士）の授業はとってもわかりやすかった。成長の授業にちょっと理科が合わさったみたいでした。1番に来てくれて、よかったと思う。ほかの組よりもはかせになった気分です。（※他のクラスでも授業をされます。）とくに運動したら、「のびる」とゆーのが一番よかった。運動ぎらいのオレなんかにめばえた感じです。

先日、自分の0才から10才までの身長や体重を調べました。それをもと学習をすると、「なぜ、背はのびるか？（背がのびたい！）」というのが多くの子の知りたいことであるようで、そこで、○○小の栄養士さんであるM先生が4年　組にかけつけてくれました。背がのびるのは骨がのびるという話から骨の話でもりあがりました。

わかったこと
★ほねは、まん中からのびることがわかった。（Y）
★ほねは、すごくビョーンとはのびないけど、少しずつのびる！（Y）
★ほねをつくる食べ物とかを初めて知ってよかった。（K）
★ほねには、カルシウムがいっぱい入ってるってはじめて知った。（K）
★ほねを作るには、カルシウムと運動とビタミンDと太陽の光が大切なのがわかった。（H）
★ビタミンDの食べ物がこんなにいっぱいあったことがわかった。（M）
★カルシウムでほねが、どうやって成長できるかわかった。（N）
★毎日、カルシウムが新しいカルシウムに変わっているなんて知らなかった。（T）

第4時 大きくなる体　その2　1年生の教室訪問

（1）目標　●身長のグラフの数字以外でも自分の成長を実感する。

（2）授業の流れ

学習活動	留意点
①前時の感想・質問を紹介する。 ②1年生の教室に行き、イスにすわり、気が付いたことを話し合う。 ③1年生の国語の本を音読したり、算数の本でお話問題を解いたりする。 ④今日、わかったことやもっと知りたいことを書く。	●友だちの感想で、心に残ったものを出し合う。 ●事前に1年生が体育や行事で教室を貸してもらえる日を選び、お願いをしておく。 　数字だけでなく、実際に小さないすにすわり身体が大きくなったことを実感させる。 【学習プリント4】（CD 06_10） 　数字だけで成長を感じるのでなく、1年生の教室をおとずれ、具体的な事物に直接出会わせ、自分の成長を実感することが大切である。身体だけでなく、脳も発達したことを実感させる。 ●質問については、調べて次時に話す。

第5時 女子と男子の成長の違いは？
性機能の発達による体の変化（二次性徴）

（1）目標　●女子と男子の成長のちがいについて知る。

（2）授業の流れ

学習活動	留意点
①前時の感想・質問を紹介する。 ②スキャモンの発達曲線のグラフを見て考える。 ③女子の「月経」について学習する。 ④男子の「射精」について学習する。 ⑤今日、わかったことやもっと知りたいことを書く。	●友だちの感想で、心に残ったものを出し合う。 【資料4　スキャモンの発達曲線のグラフ】 【学習プリント5】（CD 06_11） ●性器官（生殖型）の発達は人間の場合10歳前後くらいから成長・発達する。それまではほとんど発達しない（10％以下）などを説明する。 ●脳（神経型）の成長・発達は早くから開始されることも伝える。 ●保健の教科書を使用するとよい。 ●質問については、調べて次時に話す。

資料4 スキャモンの発達曲線のグラフ

誕生から成熟期までの発育量を100％とした割合

（グラフ：リンパ型、神経型、一般型、生殖型　年齢0～20歳）

『新版小児保健医学　第5版』（松尾保編　日本小児医事出版社）より作成

「月経」と「射精」について

「月経」について
① 脳のホルモンが信号を送り、卵巣の卵子が子宮に向かって運ばれ出すこと。
② そのころ子宮には栄養がくっつくようになること。
③ 卵子が精子と出会わなければ、赤ちゃんが育つための栄養がいらなくなって血液が栄養を外へ運び出すこと。
④ 栄養を含んだ血液がワギナから出ていくことを「月経」ということ。
⑤ 「月経」になる時期は個人差があること。
などを学習する。

「射精」について
① 脳からホルモンが信号を送り、精巣に赤ちゃんのもとである精子がつくられること。
② その精子がいっぱいになるとペニスを通って外へ出ること。
③ そのことを射精といい、時期は個人差があること。
などを学習する。

6 成長ってなんだろう？

保護者の合意をとっておく

　できれば第5時の二次性徴の学習の前までに、学級通信・懇談会等で授業について保護者にお知らせしておく。なぜこの授業をするのかをきちんと伝え、授業計画も見せたりして、保護者の合意をとっておくことが大切になる。

　懇談会が持てたら、まず家庭で出る性にまつわる話をざっくばらんに語ってもらうとよい。性の話ができるチャンスがいっぱいあったはずだが、なかなか親の方は率直に話せていない実態などがわかってくる。その後、スキャモンの発達曲線のグラフを見てもらう。

　脳（神経型）と性器官（生殖型）の発達のアンバランスについて説明し、子どもたちは第二次性徴が成長・発達してなくても、脳（神経型）の発達により、自分自身の外性器や異性への「性」に関心をもつのが当然ということも知ってもらうとよい。

　そして、この授業の全体の学習計画や保健の教科書などについても事前に見てもらい、意見を求めておきたい。体や性についての学習内容については、こうした懇談会で親とも積極的に話し合い、合意をとっておくことが大切だと考える。

養護教諭の力を借りる

　二次性徴の学習をした後は、「なぜちんちんに毛が生える？」「なんで、男の人には赤ちゃんができないの？」などの質問が続く。小さい頃「なんで？なんで？」となんでも知りたがる時代があるが、まるでその頃の「知りたがりやの子どもたち」になって、自分の体や異性の体のことを知りたがる。

　担任だけでは質問に答えるのは難しい時には養護教諭の協力を頼むとよい。教室の後ろで授業を見てもらい、助け船をだしてもらってもよい。

第6時 心の変化について

（1）目標　●人間の大脳のしくみや成長について知る。
（2）授業の流れ

学習活動	留意点
①前時の感想・質問を紹介する。 ②犬と人の成長のちがいを考える。 　犬は2年で大人になる、など。 ③人と他の動物の脳のちがいを考える。 　ネズミやラットは、においを感じる部分が大きい。 　チンパンジーや人間はフリーの皮質が大きい。 ④今日、わかったことやもっと知りたいことを書く。	●友だちの感想で、心に残ったものを出し合う。 ●【資料5　犬年齢表】を提示 【学習プリント6】 ●【資料6　人間の脳と他の動物の脳の様子がわかる図】を提示 ●質問については、調べて次時に話す。

第7時 改めて「成長ってなんだろう？」

（1）目標　●改めて「成長ってなんだろう？」を考える
（2）授業の流れ

学習活動	留意点
①前時の感想・質問を紹介する。 ②改めて「成長ってなんだろう？」を考える。 ③今までの学習の感想をまとめる。	●友だちの感想で、心に残ったものを出し合う。 【学習プリント7】 ●一番心に残ったことを書く。

★まとめとして

　もう一度「成長ってなんだろう？」と子どもたちに問いかける。きっと、1時で初めて投げかけた時の答えとはちがった内容で答えが返ってくることだろう。さらに余裕があれば、子どもたちの成長に対する考えを文集にして親たちにも読んでもらうのはとても価値があると思う。

資料5　犬と人の年齢比較表

分類	犬年齢	人年齢
新生児期	誕生	誕生
幼年期	1ヶ月	1歳
幼年期	2ヶ月	3歳
少年期	3ヶ月	5歳
少年期	6ヶ月	9歳
青年期	9ヶ月	13歳
青年期	1年	18歳
青年期	1年6ヶ月	20歳
成犬	2年	24歳
成犬	3年	28歳
成犬	4年	32歳
成犬	5年	36歳
成犬	6年	40歳
成犬	7年	44歳
老犬	8年	48歳
老犬	9年	52歳
老犬	10年	56歳
老犬	11年	60歳
老犬	12年	64歳
老犬	13年	68歳
老犬	14年	72歳
老犬	15年	76歳
老犬	16年	80歳
超老犬	17年	84歳
超老犬	18年	88歳
超老犬	19年	92歳
超老犬	20年	96歳

犬年齢表（インターネットから）を子どもたちに提示すると喜ぶ。「犬の成長はとても早い。犬の20歳は人では96歳」「犬の話を聞いていて『いいな』と思ったけど、『かわいそう』と思えたこともある」など、他の動物と人間の成長との比較は、子どもたちにとっておもしろい勉強となる。

獣医師広報板ウェブサイト　（www.vets.ne.jp）より作成

資料6　人と動物の脳

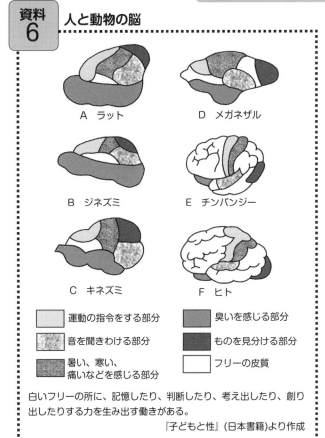

A　ラット
D　メガネザル
B　ジネズミ
E　チンパンジー
C　キネズミ
F　ヒト

- 運動の指令をする部分
- 臭いを感じる部分
- 音を聞きわける部分
- ものを見分ける部分
- 暑い、寒い、痛いなどを感じる部分
- フリーの皮質

白いフリーの所に、記憶したり、判断したり、考え出したり、創り出したりする力を生み出す働きがある。

『子どもと性』（日本書籍）より作成

大脳のしくみを学んだ子どもたちの声

　人間の脳と他の動物の脳の様子がわかる図を提示すると、「ネズミやラットは、においを感じる部分が大きくて、チンパンジーや人間はフリーの皮質が大きい」「人間はすごいなあと思った。ほかの動物はちょっとかわいそう……理由は、人を好きになったりできなくて、思ったりすることがあんまりできないから」などという意見が出たりする。

　また大脳の働きや、その中でも10歳くらいからどんどん発達するという前頭葉（今よりも、よりよく生きたいと感じたり考えたりする働きをする）の学習をすると、「とくに大脳のしくみがわかった。『今ここにいてよかった！』と思った。今まで勉強していて一番楽しかったと思う」「人には、考える力や知りたがりになったりすることがのうの勉強をしてわかった。他の動物はなやみがなくていいんだけど、人が一番いいと思った。しあわせです！」など、子どもたちの自己に対する肯定感が一気に高まる。

中学年　**7　たかがゴミ　されどゴミ**

I　教材について

　1990年代後半、所沢市の産廃処理施設によるダイオキシン汚染が全国的に注目された。そして、焼却中心のゴミ処理をすすめる日本は、ダイオキシンの排出量が先進諸国全体の約半分を占めているという実態が明らかになった。このダイオキシン対策を口実に、全国各地で焼却炉が大型化、高性能化していった。

　2003年にはダイオキシンの削減に成功したが、新しい問題も出てきた。その1つが、大気に出るはずのダイオキシンが飛灰となり処分地に埋められている。つまり、大気汚染を水質・土壌汚染に変えて大気への基準をクリアしているだけということになる。欧州では水質・土壌汚染についても厳しい基準を設けている。

　2つめに、ダイオキシン対策のため高温で燃やす焼却炉を普及したが、有害な金属をガス化することになった。その中でも水俣病の原因物質＝水銀による大気汚染が防止できていない。

　そして3つ目に、世界の焼却炉の数の7割が日本にあるという驚異が示すように、出たゴミは焼却すればよいという安易なゴミ処理の仕方が、大量生産－大量流通－大量廃棄のしくみを支え続けているという問題だ。

　上記のような問題がたくさんあるにもかかわらず、4年生の社会の教科書を見ると、ゴミの分別の仕方、処分の仕方など、個人のこころがけや努力ばかりに目が向けられている。教科書の学習だけでは「まじめなゴミの始末家」を育てることだけになる。現在のゴミのシステムを疑問なしに飲み込まされていくことにもなる。教科書にのっている記述や写真等は大いに活用するとして、豊かな視点でゴミ問題を学習していきたい。たとえば世界に目を向けると、ドイツでは企業と行政が協力してゴミの削減という根本の問題に取り組んでいる。日本でも新しい取り組みをはじめている市や町があることなど、希望の見える学習を取り入れていきたい。

　私たち教師は、教科書の枠内で教えていたり、過去の経験だけをたよりに仕事をしていたのでは子どもの心はつかめない。現代の課題（ゴミ問題）に切り込む学習は、未来思考の子どもたちや子育て真っ最中の親との対話がはずむ絶好の学習である。

II　ねらい

- 身のまわりにあふれるゴミについて知る。
- 日本全体のゴミについて知る。
- 世界や、昔のゴミへの取り組みを学ぶ。
- 学んだことをもとに、これからどのような取り組みが必要かみんな（家族も）で考える。

【参考文献・資料】
1　『ためしてわかる環境問題②ゴミ・エネルギー・電磁波』（山崎慶太　大月書店　2001年）
2　『ごみと私たちのくらし』（NPO地球環境と大気汚染を考える全国市民会議CASA　2004年）
3　『どうしたらへらせるか　この有害なダイオキシン』（長崎武昭・鈴木泰之　大日本図書　1998年）
4　『ダイオキシンはなくせる』（公害・地球環境問題懇談会「JNEP」編　合同出版　1998年）
5　『日本の循環型社会づくりはどこが間違っているのか？』（熊本一規　合同出版　2009年）
6　『母は枯葉剤を浴びた』（中村梧郎　岩波現代文庫　2005年）
7　『みみずのカーロ』（今泉みねこ　合同出版　1999年）

Ⅲ 全体計画例（全7時間）

	ねらい	内容	資料
1	家庭やクラスのゴミ	●家の人と一緒にカレーライスなどの料理をつくって、ゴミの種類や量を調べ話し合う。（取材時間は別枠） ●クラスのゴミ箱をシートの上にひっくり返して、ゴミの種類や量を調べ話し合う。（取材時間は別枠）	大きなシート 学級通信1 取材プリント
2	学校や町のゴミ	●栄養士さんに給食のゴミ、校務員さんに学校から出るゴミの取材をして話し合う。（取材時間は別枠） ●町の清掃局の方から、町のゴミの種類や量などを取材して話し合う。（取材時間は別枠）	学級通信2（CDに収録）
3	日本全体のゴミ事情	日本全体のゴミについて、クイズ形式で学ぶ。 ●世界の7割の数の焼却炉が日本にある。 ●プラスチックのゴミの多さとその種類。 ●塩化ビニル等のゴミを燃やすと発生するダイオキシン。 ●ダイオキシン対策であらわれた新たな問題。	『ためしてわかる環境問題』 『ごみと私たちのくらし』 ダイオキシン関連の本(3、4、5、6) 学級通信3
4	ドイツのゴミ事情	●ドイツの学校のゴミへの取り組みを学ぶ。 ●ドイツのスーパーでの買い物の仕方を知る。 ●ドイツのデポジット制（容器を買った店に持っていくと預かり金を現金で返してもらえる制度）を学ぶ。 ●ドイツと日本の比較をする。	『みみずのカーロ』 学級通信4
5	昔のゴミ事情と日本各地の取り組み	●親、祖父母からの聞き取りで昔のゴミへの取り組みを知る（できれば参観日で祖父母、親と大討論会をする）。 ●埼玉県の久喜市と宮代町、岩手県しわ町等の取り組みを知る。	学級通信5
6	バザーの取り組み	●余裕があれば学年や保護者にもよびかけ、各家庭の必要でないものを持ち寄りバザーを開催する。	学級通信6-①〜④ バザー関連
7	まとめ	●子どもと親によるえんぴつ対談をする。	えんぴつ対談用紙 学級通信7-①②

授業の進め方

第1時 家庭やクラスのゴミについて調べよう

（1）目標　●家庭やクラスのゴミの種類や量について知る。

（2）授業の流れ

学習活動	留意点
①家の人と一緒にカレーライスなどの料理をつくって、ゴミの種類や量を調べ話し合う。	●授業の1週間前に、カレーライス等の料理づくりとゴミ調べを家庭に提案する。【学級通信1】参考【取材プリント】
②外でクラスのゴミ箱を大きなシートの上にひっくり返して、ゴミの種類や量を調べ話し合う。	●安全や衛生に配慮し、軍手や、ゴミをはさむ道具等を使わせる。 ●作業時間は別枠の時間でとる。【学習プリント1】
③今日の学習で思ったことや、もっと知りたくなったことを書く。（毎時間）	●質問については、調べて次時に話す。

第2時 学校や町のゴミについて調べよう

（1）目標　●学校や町のゴミについて知る。

（2）授業の流れ

学習活動	留意点
①前時の感想・質問を紹介する。（できれば学級通信にまとめる） ②給食のゴミの取材内容について話し合う。 ③学校全体から出るゴミの取材内容を話し合う。 ④町全体のゴミを取材したことについて話し合う。 ⑤今日の学習で思ったことや、もっと知りたくなったことを書く。	●心に残ったものを出し合う。 ●前日までに栄養士さんに取材する。給食の残菜やゴミが分かる場所がよい。 【学級通信2】（CD 07_05）参考　【学習プリント2】 ●前日までに校務員さんに取材する。場所はゴミ置き場がよい。ゴミの多い日、時間を選ぶ。 ●前日までに清掃局の方に取材する。 ●質問については、調べて次時に話す。

7 たかがゴミ されどゴミ

学習プリント1 CD 07_03

たかがゴミされどゴミ
学習プリント1

年　組　名前（　　　　　　　）

1．家のゴミ調べから、自分や友だちが気づいたこと

2．クラスのゴミ箱のゴミ調べから、自分や友だちが気づいたこと

学習プリント2 CD 07_04

たかがゴミされどゴミ
学習プリント2

年　組　名前（　　　　　　　）

1．給食のゴミ（栄養士さんの話）から、自分や友だちが気づいたこと

2．学校全体のゴミ（校務員さんの話）から、自分や友だちが気づいたこと

3．町全体のゴミ（清掃局の方の話）から、自分や友だちが気づいたこと

☆今日の学習で思ったこと、わかったこと

☆もっと知りたくなったこと

取材プリント CD 07_02

★自分の家から出るゴミやいらないものには、どんなものがあるでしょうか？

年　組　名前（　　　　　　　）

日	買い物の後	料理や食事やおやつの時	そうじやかたづけの時	そのほかの時
日〜日までの1日を選んで				
日（　）				
日（　）				
日（　）				

学級通信1 CD 07_01

ごみゴミ通信 NO.1

家から出るごみの調べ方（子ども達が記入します。）

★調べる日について
5月2日〜5日のどれか1日と、6日、7日、8日、9日、10日、11日の7日間です。

★調べ方の例について
その1‥　たとえば、「カレーライスを家の人といっしょにつくってみよう！」と、買い物から、料理、後かたづけまで一連の仕事をいっしょにしてみると、いろんなゴミが出てくるかと思います。時間はかかりますが、子ども達にとっては、いろんな発見があるかと思います。この時に出てきたゴミをプリントに書き込ませていってください。

その2‥　いっしょに料理をしたりする余裕がないときなどは、買い物した後に、その商品を子どもたちの前に並べていただくだけでもいろんなゴミが発見できそうです。また、家の方が料理をしている時を子ども達に見てもらうだけでもいいです。そこから発見したゴミをどんどん書き込ませていってください。

その3‥　子ども達だけでも家のそうじをまかせたり、おやつを食べたときの後のかたづけをきちんとしてもらったりしても、ごみの発見ができます。

★★★★★ゴミの内容は、おおざっぱに書くか、くわしく書くかは、各家庭の判断におまかせします。書けるはんいでいいですので、よろしくお願いします。★★★

家の方へのお願い「重いことをおもしろく！」
この学習の一環として、6月13日の日曜参観でバザーを計画しています。

········· **いろんな人とゴミ対話** ·········

　家庭では、ごみ箱の中を調べるのではなく、料理づくりを呼びかける。買い物から、料理、後かたづけまで一連の仕事を一緒にしながらゴミの種類や量を調べると、おのずと対話が生まれる。

　学校のゴミは、職場の栄養士さんや校務員さんに取材する。町のゴミは清掃局の方に取材する。この時、質問の時間を必ず作って対話する。清掃局の方との対話から、「○○市の1年間分のゴミ袋を並べると、東京と大阪の間を10往復するよ」と、子どもがイメージしやすい話を聞き出すことができた。

第3時 日本全体のゴミについて調べよう

（1）目標　●日本のゴミについて知る。

（2）授業の流れ

学習活動	留意点
①前時の感想・質問を紹介する。 ②日本のゴミについて、クイズで学ぶ。 ③焼却炉の数が世界一の日本の課題を学ぶ。 ④今日の学習で思ったことや、もっと知りたくなったことを書く。	●心に残ったものを出し合う。 【学級通信3】参考【学習プリント3】 ●ゴミを多量に燃やすことで出るダイオキシン、水銀についての汚染問題を考えさせる。【焼却炉のグラフ】 ●質問については、調べて次時に話す。

取り上げるとよいクイズ例

Q①日本の1年間に出るゴミの量は？→A①4432万t（平成26年）
　　25mプールに約42万ばい分になります。積み上げると、高さ約500kmになります。

Q②1人の1年間のゴミの処理代は？→A②16,248円（大阪府　平成18年）
　　どんなゴミであれ処理に私たちの税金が使われている日本、企業から出たゴミは企業に責任をとらせている外国との比較もできる。

Q③古新聞を10kg燃やすと二酸化炭素の量は？→A③15kg
　　実際に古新聞を10kg持ってきて見せてあげる。その1.5倍の二酸化炭素が出るそうだ。ここで地球温暖化のことにも話がひろがる。

Q④ペットボトルのマークはどんな意味？→A④プラスチックの種類を表している。
　　近年増え続けるプラスチックゴミでもっともダイオキシンがでやすい塩化ビニル。塩化ビニルの製品さがしもするとよい。

Q⑤日本では1人1年間に何本の缶を使う？→A⑤300本
　　ドイツでは缶をほとんど使用しない。リターナブルびんの使用に力を入れている。

Q⑥焼却炉が一番多い国はどれか？→A⑥日本（世界の焼却炉の7割が日本にある！）
　　焼却炉の数がダントツに多い図に驚きと疑問が出る。4時では処理をしなくてすむようにゴミの総量を少なくしている外国の例を学ぶ。

※Q3、Q5は『ためしてわかる環境問題②』を参考にした。

7 たかがゴミ　されどゴミ

学習プリント3　CD 07_07

たかがゴミされどゴミ
学習プリント3

年　組　名前（　　　　　　）

1. 日本全体のごみクイズからわかったことは？

2. 日本の焼却炉（ゴミを燃やす所）についてわかったことは？

学級通信3　CD 07_06

ごみゴミ通信　NO.3

世界の焼却炉の7割（70パーセント）が なんとせまい日本にあるのはなぜ？

今、クイズ形式で①「日本の1年間の一人あたりのゴミの量は？」②「ゴミの中で一番多いゴミの種類は？」③ゴミのしょりにかかる費用はいくらですか？（一ヶ月の4人家族の場合）④「焼却炉の一番多い国は？」などを次々に出していっています。目の前の子どもたちの知りたいことや、考えたいことは、どこにあるのかをざっくりしたこのクイズでさぐっています。

もっと知りたくなったこと
★①どうして日本はゴミをそんなにふやすのかを知りたいです。
★②今、日本は、ゴミをへらす努力を一人一人国民はしているのかを知りたい。ドイツはごみをへらす努力をしてえらい。
★③オゾン層がなくなったら人間や動物たちは、どうなるかをもっと知りたい。（焼却炉から出る二酸化炭素のことが話題になり、地球温暖化についても4年生の子どもはか

国	数
日本	1243
アメリカ	351
フランス	188
ドイツ	154
イギリス	55
スウェーデン	28

単位：カ所

世界の焼却炉の7割が日本にある！
（2008年　OECD統計より作成）

プラスチックについているマーク

1. PET
2. HDPE
3. V
4. LDPE
5. PP
6. PS
7. OTHER

1. ペット樹脂○
2. 高密度ポリエチレン○
3. 塩化ビニール×
4. 低密度ポリエチレン○
5. ポロプロピレン○
6. ポリスチレン×
7. その他（ABS、AS樹脂、PEN、ポリアセテート、ポリカーボネート、複合素材など）×

※ ×は環境ホルモンが出るもの。○は今のところ安全とされているもの。

ダイオキシン・水銀問題

1997年、大阪府豊能町と能勢町のゴミ処理施設で発生する高濃度のダイオキシン汚染が社会問題になった。ベトナム戦争における米軍の枯れ葉剤作戦でベトちゃんドクちゃんのような多くの奇形児が生まれ、ダイオキシンはその原因物質として有名になった。

2003年にはダイオキシンの削減に成功したが、新しい問題も出てきた。その1つが、大気に出るはずのダイオキシンが飛灰となって処分地に埋められている。つまり、大気汚染を水質・土壌汚染に変えて大気への基準をクリアしてるだけということになる。

2つめに、ダイオキシン対策で高温で燃やす焼却炉を普及したが、有害な金属をガス化することになった。その中でも水俣病の原因物質＝水銀による大気汚染の拡大が防止できていない。

（参考『日本の循環型社会づくりはどこが間違っているのか？』）

第4時 ドイツのゴミへの取り組みを調べよう

（1）目標　●ドイツのゴミへの取り組みを知る。

（2）授業の流れ

学習活動	留意点
①前時の感想・質問を紹介する。 ②ドイツの小学校のゴミの取り組みを学ぶ。 ③ドイツ人の買い物のしかたを学ぶ。 ④ドイツ人のゴミの処理のしかたについて学ぶ。 ⑤今日の学習で思ったことや、もっと知りたくなったことを書く。	●心に残ったものを出し合う。 ●本『みみずのカーロ』の読み聞かせをする。余裕がない時はかいつまんで紹介。 【学習プリント4】 ●コラム、学級通信参照か、ネットで調べる。 【学級通信4】参考 ●ドイツのデュアルシステムについて説明する。 ●質問については、調べて次時に話す。

‥‥‥‥‥‥‥‥‥‥ ドイツの取り組みについて ‥‥‥‥‥‥‥‥‥‥

①小学校の取り組み
（メルディンゲン市メルディンガー小学校の場合）

　学校へ持ってくるおやつ（果物）は、ゴミがでないように自分の容器につめてくる。
　「ミミズの食べない物だけがゴミ」というスローガンでゴミを減らし、全校190人の1週間のごみが小さなバケツ1個分で足りる。例えば、ミミズが食べないフェルトペンは使用せず、色鉛筆を使うなどの取り組みをしている。小学校から出る生ゴミはコンポストに入れられ、1年生はゴミが堆肥に変わる様子を観察するなど、環境を扱う授業を積極的に行っている。学校から始まったゴミ減量の運動は村中に輪をひろげ、住民1人あたり最もゴミの少ない自治体になった。（参考『みみずのカーロ』）

②市での取り組み（フライブルグ市の場合）

　自分のバッグを持って買い物し、お菓子用、洗剤用と、買う物に合わせて家からいろんな容器を持参している。
　スーパーの入口にはボックスが置いてあり、買い物した包装材をその場で取り除き、持ち帰らなくてよいようになっている。ビンは、店にもっていけばデポジットによって返金される仕組みがある。あきビン回収機もある。法律で義務づけられ、包装容器、紙類は企業が責任をもって回収する。（デュアルシステム）

7 たかがゴミ されどゴミ

学習プリント4　CD 07_08

たかがゴミされどゴミ
学習プリント4

年　組　名前（　　　　　　　　）

1. ドイツの小学校でのゴミへの取り組みでわかったことは？

2. ドイツの人の買い物の仕方でわかったことは？

3. ドイツの人のごみのしょりのしかたでわかったことは？

☆今日の学習で思ったこと、わかったこと
＿＿＿＿＿＿＿＿＿＿＿＿＿＿＿＿＿＿＿
＿＿＿＿＿＿＿＿＿＿＿＿＿＿＿＿＿＿＿

☆もっと知りたくなったこと
＿＿＿＿＿＿＿＿＿＿＿＿＿＿＿＿＿＿＿
＿＿＿＿＿＿＿＿＿＿＿＿＿＿＿＿＿＿＿

学級通信4　CD 07_09

ごみゴミ通信　NO.4
ドイツを学んで

子どもの感想から

①ドイツでは、ジュースがびんに入ってて、それを何度も使っていた。ドイツでは、箱に入っているやつは、お店の人に箱をわたして、その箱はその後どうするのかな？（K）

②プラスチックがこんなに出るなんて思わなかった。ドイツの人は、すごいと思った。ドイツのビデオを見たとき自分でタッパを持ってきて、その中に入れていました。日本も自分でタッパを持ってきたらいいと思いました。（T）

③ベトナムの写真やトリの写真を見て、ダイオキシンのこわさがこんなにおそろしいとは思っていなかった。このままだと日本もたいへんだ。（A）

④ドイツは、買うときにあった箱を、店の人にわたしていました。使ったせんざい入れを持って行って、店の中に入ってそのせんざい入れにせんざいを入れていた。昔の日本は、そうじきがなくてそうじをする道具は、新聞紙と茶がらを利用してそうじをしていました。今みたいに便利じゃないけど、ゴミがでないようにしていたし、ダイオキシンをでないようにして自然を守っていた。（Y）

⑤今日ビデオを見ている時、石油のようきみたいなものがありました。そこから、せんざいのえきたいを入れていました。ペットボトルもダイオキシンはどうやってできるか知りたいです。（N）

⑥ドイツでは飲み物はほとんどびんで、紙などのパックはぜんぜんありませんでしたね。それにせんざいは自分の家から持ってきた入れ物に、自分で入れて、合計の所で合計してから自分ちへ持って帰るのです。ドイツはほんとにすごいです。また、外国の話や、ごみのことをどんどん勉強したいです。（Z）

ドイツのデュアルシステム
（厚生労働省「容器包装リサイクルのポイント」より）

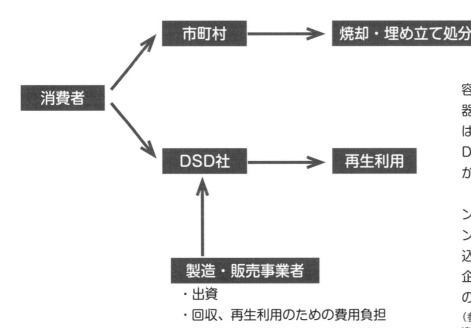

家庭では、緑のマークのついた容器包装はDSD社の黄色の収集容器に入れ、それ以外の生ゴミなどは、市町村の黒い収集容器に入れる。DSD社と市町村の2つの回収経路がある。

また、街中の歩道や広場には、ビン類や紙類を回収するための回収コンテナが随所に置かれ、市民が持ち込んでDSD社が回収する。まさに、企業・行政が一体となって、ごみへの取り組みをしている。
（参考『日本の循環型社会づくりはどこが間違っているのか？』）

第5時 昔の日本や、新しい日本のゴミの取り組みについて調べよう

（1）目標　●昔の日本や新しい日本のゴミの取り組みについて知る。

（2）授業の流れ

学習活動	留意点
①前時の感想・質問を紹介する。 ②祖父母に昔のゴミについてたずねる。 ●今と昔をくらべる。 ●日本の昔とドイツをくらべる。	●心に残ったものを出し合う。 ●できれば参観日でやるとよい。無理な時は祖父母や親とえんぴつ対談で取材してくる。（えんぴつ対談については第7時参照） 【学習プリント5】【学級通信5】 ●デポジット制が昔の日本にもあったことも見つけさせる。
③日本でも新しい取り組みが始まっている所があることを知る。	●日本にも希望の見える取り組みがあることを知らせる。（埼玉県久喜市、宮代町、岩手県しわ町など）
④子どもにできること、家庭でできること、市でできること、日本でできることを話し合う。	●司会者、記録者を決め、班で討論する。 ●参観にした場合は、祖父母の討論参加も呼びかけるのでイスを準備しておく。
⑤今日の学習で思ったことや、もっと知りたくなったことを書く。	●質問については、調べて次時に話す。

日本各地の取り組み

　未来志向の子どもたちや子育て真っ最中の親たちに、展望の開ける教材を用意することはとても大切である。できるだけたくさん発掘したい。ゴミ問題の新しい取り組みは、「身近でも、これだけ行動できるんだ！」という展望が生まれる。
　その1…埼玉県の久喜市と宮代町では分別しにくいプラスチック類をすべて回収して、古い焼却炉でもダイオキシンを大きく減らすことができた。多くの自治体では、高温連続燃焼の大型焼却炉を使用している。これは大量生産、流通、廃棄の社会構造をいっそうおしすすめることにつながる。
　その2…岩手県しわ町では、町で生ゴミを回収し堆肥を作っている。この堆肥を商品化することにも取り組んでいる。（紫波町ウェブサイトを参照）

学習プリント5　CD 07_10

たかがゴミされどゴミ

学習プリント5

年　組　名前（　　　　　　　）

1. 昔のごみへの取り組みからわかったことは？

2. 日本の新しい取り組みについてわかったことは？
　　その1　埼玉県久喜市の場合

　　その2　岩手県しわ町の場合

　　その他

☆今日の学習で思ったこと、わかったこと
_____
_____
_____

☆もっと知りたくなったこと
_____
_____

学級通信5　CD 07_11

　NO.5

おばあちゃんから聞いた話は、今している勉強の「かぎ」になりそう！！。（M）

参観では、二人のおばあちゃんが、みんなの前で話をしてくださいました。Tさんが感想に書いていましたが、おばあちゃんの話は、今の勉強の「かぎ」になりそうです。本当に、ありがとうございました。

今回は家の人の感想から先に
①参観では、子どもたちの素直な意見や質問を聞いたり、おばあちゃんたちの昔の話を聞くことができて、とてもよかったと思います。ゴミ問題を通じて、子どもたちが日常のゴミに関心をもち、親よりもゴミに詳しくなっていくのがたのもしいです。（Aさん）

②ご年配の方のお話をお聞きして、私の子ども時代を思い出しました。お使いに行く時、買い物かごを持っていき、新聞紙に包まれた卵や野菜を買ったものです。豆腐や卵など帰るまでに壊れたりして母親に叱られたものですが、今から思えば、自然破壊より不便な方が良かったですよね。いつから人間は、利便性のみを追求しだしたのでしょうか？もう遅いとあきらめずに、社会全体で変わって行かなければいけないと思います。（Bさん）

③確かに日本の包装などは、箱と紙と手さげ袋、おまけのにしリボン・・・多すぎるなといつも思います。おばあちゃんたちのお話を聞いて、そういえば、母は買い物カゴを持って、市場へ行っていたなとかゴミの日には、ゴミ箱のまま出しておくと係の人が、中身を収集車へうつしていたな。マヨネーズもビン入りやった。パンもお皿に入れてあって買うと紙袋へ入れてくれたよね。アイスについているスプーンは木製しかなかったな。・・とか色々思い出しました。昔とちがい、ナイロン製品を作る産業も多く利害を考えるとなかなか根の深い問題だと思いますが、大切な学習だと思います。（Cさん）

家族の授業参加へ！

ゴミ学習では、家の人とも学ぶことを視野に入れたい。そのためにぜひ、参観でいっしょに学習をするとよい。この場合は親や祖父母がただ参観するのではなく、授業参加できる場を必ずつくるとよい。

参観授業の例（懇談の時間も含む）
※①②については子どもはすでに学習、復習をかね、親にも学んでもらうために説明する。

①プラスチックのゴミとその種類
　実物を掲示する。この中で燃やすとダイオキシンが出る塩化ビニルのゴミを紹介する。ダイオキシンを含む枯れ葉剤がベトナム戦争で使われ、森林など自然への影響だけでなくベトちゃんドクちゃんなどのように人の次世代にまで影響したことを写真や資料で説明する。

②日本とドイツとのゴミの比較
　ドイツのスーパーでの買い物の仕方を説明する。ダイオキシンのもとになるゴミを減らすために、ドイツでは、市民、企業、行政が一体となった取り組み―デポジット制・デュアルシステム―などを紹介する。

③日本の今と昔の比較
　「豆腐は家にある容器を持って行き、入れてもらった」「空き瓶を持って行き、お金をもらった」など、祖父母に昔の暮らしぶりを聞く。ドイツのデポジット制が昔の日本にもあった事実がわかって感激する。

④日本の新しい取り組み
　子どもたちは、希望が見える学習が好きである。日本の新しい取り組みを紹介する。

⑤大討論会
　「ゴミを減らすにはどうしたらよいか」のテーマで参加者全員で討論をする。出た意見を、子どもでもできること、親子でできること、市で、日本で、世界で…にまとめていく。

第6時 バザーを開こう！

（1）目標　●バザーのお店やルールを考える。

【学級通信6-③】（CD 07_15）
【学級通信6-④】（CD 07_16）

（2）授業の流れ

学習活動	留意点
①前時の感想・質問を紹介する。 ②どんなお店を開きたいか話し合う。 ③バザーのルールを考える。 ④今日の学習で思ったことや、もっと知りたくなったことを書く。	●心に残ったものを出し合う。 【学級通信6-①　家庭へのお願い文】 ●家にある不要品を調べ、どんなお店を開けるかイメージさせる。 【学習プリント6】（CD 07_13） ●子どもだけで決めるのではなく、親や教師で実行委員会をつくり、ルールを決定する。 【学級通信6-②】 ●質問については、調べて次時に話す。

第7時 まとめにえんぴつ対談をしよう！

（1）目標　●今までの学習をもとに、子どもがリードして、家の人と学習を深める。

（2）授業の流れ

学習活動	留意点
①前時の感想・質問を紹介する。 ②えんぴつ対談の方法を学ぶ。 　（後日交流する） ③学習のまとめを書く。（できればえんぴつ対談の交流後）	●心に残ったものを出し合う。 【学級通信7-①　家庭へのお願い文】 【えんぴつ対談用紙】 対談例は【学級通信7-②】を参照（CD 07_19） ●学んだことをもとに、子どもがリードして話せるようにさせる。 ●対談の相手は、父母だけでなく祖父母や叔父叔母などでもよいことを知らせる。 【学習プリント7】（CD 07_20）

7 たかがゴミ されどゴミ

学級通信6-① CD 07_12

ごみゴミ通信 NO.6-①

バザーで、重いことをおもしろく！
ゴミの学習からつなげています。

★日・時　6月13日(日)　9時40分〜11時30分
★時間　★場所　ホールと4年の各教室(南校舎の4Fです)
★なぜバザーをするのか
　社会科や総合的な時間を使ったゴミ学習の一環として、バザーを計画しています。ごみ問題は、たいへん重い問題ですが、「重いことをおもしろく」する機会を持ち、子ども、親、祖父母、教職員、地域の方など‥たくさんの方が、このバザーに訪れ、豊かな視点でごみの問題を考えていく機会になったらいいなあと考えています。バザーの会場には、子どもたちが学習してまとめた掲示物も展示する予定です。

★どんなものをバザーに？
　自分の家庭にとっては不要品であっても、他の家庭にとっては必要な品物かもしれません。そんな品物をバザーに出していただければと思います。

学級通信6-② CD 07_14

ごみゴミ通信 NO.6-②

バザーのきまりを学年集会で話し合いました。
昨日、バザー実行委員の考えた案をもとに学年みんなで話し合いをしました。以下、みんなの合意で決定したバザーの約束などです。
★1　持ってくるお金は300円まで
①お金は名前の書いたサイフに入れてくること。
②サイフは身につけていること。(たとえば、サイフにひもをつけ首からかける、ポシェットに入れてかたからかける、ウエストポーチに入れてこしにとめられるようにするなど、各自くふうしてください。買い物にむちゅうになって、サイフごと落とすことにならないように。)
③お金はできるだけ10円玉ばかりで準備する。(今から10円玉を集めいてください。)
★2　一番安い物は10円、一番高い物は100円
つけられるねだんは、10円、20円、30円、40円、50円、60円、70円、80円、90円、100円のどれか(10円たんい)にする。円とか55円などのはんぱなねだんはつけないこと。(その理由はおつり

楽しいバザーの取り組みを！

　ゴミの学習でもおもしろいと思える取り組みができたらと、日曜参観にバザーをすることになった。忙しくても親は社会参加の場を求めている。わが子の健康問題ともつながるからなおさらである。子ども・親・教職員が知恵を重ね、お店づくりやお店のCM作り、そして「せり」による買い物の仕方など、おもしろい取り組みを取り入れていくことにした。たくさんの方が集うバザーの場が、豊かな視点でごみ問題を考えていける機会になればと考え、子どもがまとめた新聞やCASAから届いた資料を展示する計画もした。

えんぴつ対談用紙 CD 07_18

えんぴつ対談

年　組　名前(　　　　　　　)

えんぴつ対談の相手は(　　　　　)です。
(　)←(　)の中には(私)とか、(お母さん)とか話した人を書きます。

(　　　)

(　　　)

学級通信7-① CD 07_17

ごみゴミ通信 NO.7-①

「えんぴつ対談集」を
つくるにあたって

「どうしたらゴミをへらせるか??」をテーマに、家の人とえんぴつ対談をしてもらいました。たくさんのえんぴつ対談が集まりました。忙しい中本当にありがとうございました。集まったえんぴつ対談をもとに「4の2のえんぴつ対談集」をつくろうと思います。つくるにあたって、御名前を対談集にのせてもよいかをおたずねしたいと思います。下のアンケートのどちらかに○をつけて御提出ください。

えんぴつ対談

　最後のまとめに親と子がゴミについて、交互に意見を書きながら対談する「えんぴつ対談」を試みる。学校で学んだ強みで、子どもがリードする対談が多く見られる。

ある親子の対談例「それやったらおれもてつだうわ」
子　トレーとかライフにもっていったらええんちがう？
親　お母さんは、あんたがおやつたべんかったらええねん！　おやつのゴミへるやん。
子　そー思うけど子どもの楽しみなくなるやん。でも、もやしたら地球に悪いなあ。ドイツきれいやで〜。
親　お母さんもなるべく手作りの物作るわ。でも、時間ないしなあ。
子　それやったらおれもてつだうわ。1ヵ月に1回でええから、やって〜な。
親　ほんまやな？
子　ほんまやでえ！(M親子)

高学年 8 アスベストと健康

I 教材について

　アスベストによる疾患は近年、注目されるようになった。アスベスト粉じんを吸い込んでから発病するまでに、15年から40年も経過しているからだ。アスベストは「静かな時限爆弾」と呼ばれる。この問題が広く知られるようになったのは尼崎のクボタ工場で患者が見つかり、つづいて大阪府の泉南地域でも多く見つかったことからである。いずれも裁判になったがその過程で、国は早くからアスベストを吸い込むと疾患が発生することを知っていたことが判明する。しかし、生産は続けられた。アスベストが「魔法の鉱物」だったからである。

　アスベストは産業のあらゆる場面で使用されている。世界が全面禁止の方向に向かっていたにも関わらず、日本は禁止が約20年遅れた。そのために日本のアスベスト疾患の患者発生のピークはまだ先である。そして、全面禁止されたにも関わらず、おもに建築物の中に約500万トンのアスベストがたまっている。古くなった建物は2030年ごろ解体のピークを迎える。未来に生きる子どもたちにはこの事実を知らせる必要があるだろう。また、公害といわれる要素がこのアスベスト問題には典型的に現れており、被害患者の数で言えば、過去の世界の公害のなかで最多となるだろう。アスベストから身を守るだけでなく、自らと社会がどう対応すべきなのか考えさせたい。答えは簡単ではない。しかし、未来に生きる子どもたちが自ら考えることで、健康概念を獲得する有効な教材となるのではないだろうか。

　本稿ではおよそ5時間計画で、アスベストがどれほど便利な物質として受け入れられたのかから導入し、病気の様子や体内に入る仕組み、被害の大きさにふれ、原因がわかってきたのになぜ、すぐに止めることができなかったのかを考えさせたい。答えは難しい。しかし、未来に向けてどうすれば良いのか、子ども自身が考えてみることを大切にしたい。事前にミナマタ学習が既習されていると、より理解が深まると考える。

【参考文献・資料】
『アスベスト惨禍を国に問う』（大阪じん肺アスベスト弁護団＋泉南地域の石綿被害と市民の会　かもがわ出版　2009年）
『忍び寄る震災アスベスト　阪神・淡路と東日本』（中部剛・加藤正文　かもがわ出版　2014年）
『アスベスト　広がる被害』（大島秀利　岩波新書　2011年）
「中皮腫・じん肺・アスベストセンター」 http://www.asbestos-center.jp/「アスベストと関連疾患について→石綿（アスベスト）Q＆A
「独立行政法人環境再生保全機構」https://www.erca.go.jp/「石綿と健康被害」パンフレット
※本稿に入りきらなかった参考文献リストが添付CDにあります（CD 08_08）。

II ねらい

●石綿（アスベスト）とは何かを知り石綿被害の実態を知る。
●被害が引き起こされた背景について知る。
●これから引き起こされる被害の可能性を知り、未来に向けてできることを考える。

Ⅲ 全体計画例（全5時間）

	ねらい	内容	資料
1	アスベストとは何か。石綿（アスベスト）が奇蹟の物質・魔法の素材といわれたわけを知る。	●断熱耐火、防音、強い、安価。 ●建築材、車両ブレーキ、実験器具、エンジン、化粧品、赤ちゃんパウダーその他約3000品目に使われる。 ●当時は、ほとんどが外国（カナダ）からの原料輸入。国内は北海道、熊本。	石綿使用の歴史 生産品リスト 生産国
2	石綿の人体への影響を知る。	●尼崎クボタ工場や泉南アスベスト工場で働く人やまわりに住む人で肺の病気が多発したことを知る。 ●症状について知る。 ●なぜアスベスト工場で働く人や周辺の住民に病気が発生したか考える。	工場と発症患者地図 石綿写真 患者の証言
3	アスベストの性質について知り、身体に入りこむ様子を知る。	●鉱物であるアスベストが空気中に入りこむわけを考える。アスベストの鉱石がどんなものかを知る。 ●肺から入り、繊維状の針が突き刺さる。 ●石綿工場の石綿飛散状況を知る。	アスベスト鉱物の写真（インターネットから検索可） 石綿針の写真 大きさの単位
4	アスベストが使われた背景を知る。	●グラフをみて使用時期と中皮腫がん死亡者がずれていることに気づく。 ●なぜずれているのかを考え、10数年〜40年の潜伏期間があることを知る。 ●身体に害があることがわかってきたのになぜアスベストが使用されたかを考える。産業優先か健康優先か。	アスベスト生産量とがん死亡者のズレを示すグラフ 国による戦前からの健康調査
5	これからどうすればいいだろう。	●日本国内では全面禁止されたアスベストだが、古い建築物の建材の中に、今でも500万トンものアスベストが潜んでいることを知る。アジアでは日本・韓国以外で今でも生産と使用が続いていることを知る。地震や災害も考慮し、自らの健康を守り、人々の健康を守るために何が必要かを考える。	アスベスト含有建築物の解体 解体以外の飛散 防御方法（防じんマスクN95） アジアの生産状況

授業の進め方

第1時 アスベストとは何か
奇蹟の物質、魔法の素材

（1）目標

●アスベストが発見され使用されたわけを知り、身近なところで使用された製品を知る。

（2）授業の流れ

学習活動	留意点
①これから「アスベストと健康」について学習することを聞き、古代から知られて使用されていた伝説や使用法があったことを知る。	●アスベストの言い伝えや古い歴史があることを知る。 ●竹取物語「火鼠の皮衣」 【学習プリント1　竹取物語の要約】 ●古代エジプトでミイラを包む ●1764年、平賀源内の「火浣布（かかんぷ）」
②アスベストは「奇蹟の鉱物」「魔法の素材」と呼ばれて使用された。なぜ、そう呼ばれたのかを考える。 ●ヒントは「火鼠の皮衣」や「ミイラ」に使われた理由です ●上の理由以外にもあることを知らせる	●「なぜ、アスベストは奇蹟とか魔法とか呼ばれたと思いますか？」 ●熱につよい（火事に強い、熱をふせぐ） ●電気を通さない ●強くて他の材料に混ぜて形を変えることができる ●音を通さない ●薬品に強い（腐らない） ●安価
③近代、現代になって、アスベストが何に使われたかを知る。 ●どんなところでアスベストは使われたでしょうか？ ●産業活動や身の回りの様々なところで使用されていたことを伝える	●近代：戦闘機、軍艦（戦争で使われた） ●現代：産業活動全体 ●建物の壁や屋根に使われた ●汽車や船、自動車、電気製品の熱くなるところに使われた ●水道管などさびたりしては困るところ ●音楽室などの音が出る壁に使われた ●理科室の実験道具、化粧品、ベビーパウダー等 【資料1　使用されていた写真】
④今日の学習でわかったこと、疑問、もっと知りたいことを書く。	●毎時間書き、次時に学級通信などで紹介する【学習プリント1】

学習プリント1　CD 08_01

アスベストと健康　　　　学習プリント1

年　　組　　名前（　　　　　　　　）

アスベストの言い伝えや古い歴史話

竹取物語
竹取物語は日本最古の物語とされる。西暦8世紀から10世紀までに成立した物語。竹の中から見つけられたかぐや姫が育ち、当時の貴族5人から求婚される。かぐや姫はその求婚を断るためにそれぞれに伝説の贈り物を要求し、持ってきたら結婚を約束すると言った。その5つの品物のひとつが「火鼠の皮衣（ひねずみのかわごろも）」であった。それは焼いても燃えない布というものであった。貴族の一人は唐の商人から火鼠の皮衣を購入するが、姫が焼いてみると燃えてしまったのでにせ物と分かった。

古代エジプト
古代エジプト BC2000年ごろには王のミイラをつつむ布に使われた。

ギリシャ
BC4〜5世紀ごろのギリシャでは神殿のランプのしんに使われた。

平賀源内の火浣布
江戸時代の1764年、平賀源内が「火浣布」という布を幕府に献上した。汚れた火浣布を火にかざすと、汚れだけがおちてしまうというもので、アスベストの特性をいかした日本最初の使用例である。

アスベストは奇蹟の鉱物、魔法の素材と呼ばれて使用されました。なぜ、そう呼ばれたのでしょう。

アスベストは｜　　　｜に強く｜　　　｜を通さない。
｜　　　｜も通しにくい｜　　　｜にも強い。
｜　　　｜のに｜　　　｜を変えることができる。
ねだんが｜　　　｜。

どんなところでアスベストは使われたでしょう？

アスベストはたくさんのところで使われました。特に多いのは建物、それから汽車や船、飛行機、電気製品、自動車などにも使われました。薬品や、音の出る部屋などあらゆる場所に見ることができました。

アスベストが使われたところ

きょうの学習でわかったこと、思ったこと、もっと知りたいと思ったこと

資料1　アスベストが使用されたもの

　　建築材料のほか、電熱器、石油ストーブの芯、ボイラーの断熱材、消防士や高炉の労働者の服、赤ちゃんのベビーパウダーや化粧品、理科室にあるアルコールランプの三脚にのせる金網など多岐にわたっている。
　　アスベストについては「中皮腫・じん肺・アスベストセンター」のウェブサイトが参考になる。http://www.asbestos-center.jp/
　　アスベストとは何か？　どんな症状があるのかは、Q＆Aのコーナーに詳しく解説されているので参考になる。http://www.asbestos-center.jp/asbestos/qanda.html

　　アスベスト製品の実物はなかなか手に入らないので、
波形スレート屋根、解体家屋、配管　http://www.asbestos-center.jp/asbestos/byphoto/4.html
石綿布、配管部保温材　http://www.asbestos-center.jp/asbestos/byphoto/5.html
吹きつけ天井　http://www.asbestos-center.jp/asbestos/byphoto/1.html
などの写真をぜひ見せたい。

第2時 アスベストで引き起こされた病気

（1）目標

●アスベストで引き起こされた病気がどのようなものだったかを知る。
●病気がアスベスト工場で働く人だけでなく、周辺に住む住人にも発生したことを知る。

（2）授業の流れ

学習活動	留意点
①学級通信アスベストニュースを読み合わせする。	●前時の感想を読み合う。疑問点や気づいた点などで特徴的な文を取り上げる。
②尼崎クボタ工場や泉南アスベスト工場で働いたり、まわりに住む人々で肺の病気が多発したことを知る。	【学級通信】 ●泉南地域（岸和田市から岬町にかけて）や尼崎クボタ工場周辺で、病気で苦しみ始めた人がたくさん出てきたことを知る。 　・手記を読む 【資料2　Yさん・Oさん・OKさんの手記】 ●症状を整理する。
③病気の症状を知る。	【学習プリント2】 　・ぜん息のような症状 　・呼吸が苦しい（息苦しい） 　・走った後のような苦しさ 　・せきやたんが出る 　・酸素が足らなくなる 　・肺の病気になる（肺がん、中皮腫など）
④病気の原因について考える。 ●空気（大気）にまざりこんだ異物（アスベスト）が原因であることを知る	●なぜこんな症状になったのか、原因を考える。汚染された空気が身体の中に入り込んでくる場所（肺）に気づく。 予想・肺に異物が入ってきた 　　・空気が汚された ●次時の学習予定を告げる。
⑤気づいたこと、思ったこと、さらに知りたいと思ったことを記入する。	

学習プリント2　CD 08_02

アスベストと健康　学習プリント2

年　組　名前（　　　　　）

資料を読み、泉南地域でおきた病気のようす（症状）を知る。

症状をせいりすると…
- （　　　）のような症状。
- （　　　）が苦しい（息苦しい）。
- （　　　）のような苦しさ。
- （　　　）や（　　　）がでる。
- （　　　）がたらなくなる。
- （　　　）の病気になる。

なぜ、このような症状がおきたのだろう？

空気（大気）にまざりこんだ　　　　　による健康被害

きょうの学習でわかったこと、思ったこと、もっと知りたいと思ったこと

資料2　患者さんの手記を教材に

　泉南アスベスト患者さんの手記は、大阪じん肺アスベスト弁護団＋泉南地域の石綿被害と市民の会の『アスベスト惨禍を国に問う』（かもがわ出版）から紹介したい。
Yさんの手記（p18）
Oさんの手記（p23）
OKさんの手記（p11）

子どもたちの感想

今日の学習でわかったこと
- アスベストが体に入ると息苦しくなったり、酸素が足りなくなったり、吐き気がしたり、咳や痰がひどくなったりしてとてもしんどくなる。さいきん、泉南地域でもアスベストが原因で病気の人が増えてきている。
- 大阪にも水俣病みたいにこわい病気があったこと。
- 食べ物をひやさないと、湯気でせきこんでしまう。酸素が足らないと、たおれてしまう。酸欠状態。息が苦しくつらい。
- 身近なところにたいへんな病気のもとになるようなものが空気にふくまれていること。
- 病気にかかると吐き気や息が苦しくなり、ついには死ぬこともある。

思ったこと
- この病気は近い所で出てきたからびっくりした。
- しんどそうだし、その中でも肺がんにもかかる人がいることを知ってよかった。
- 病気にかかった人はつらいだろうなーと思った。
- いいものが（自動車とか）できるけど、悪いもの（病気）がおきる。
- ふだん、息をするだけで病気のもとになるようなものが、知らないうちに、体に入っているのかなと思いました。

もっと知りたいと思ったこと
- アスベストはどうして人間に悪いのか。
- 病気は治るのかなあと思った。
- アスベストはマスクをかけていたら大丈夫か。
- アスベストはどのくらいの大きさなのか。
- アスベストはどうやって体の中にはいるのか。
- アスベストの影響で死んでしまうのか。

第3時 アスベストの性質と病気

（1）目標
●アスベストの性質について知り、体に入り込む様子を知る。

（2）授業の流れ

学習活動	留意点
①前時までの学習を思い起こす。	●アスベスト工場周辺で多発した人々の病気の原因が、空気に入り込んだ異物が原因だったことを思い出す。
②学級通信アスベストニュースを読み合わせする。	●子どもの記述の中で、代表的なものやよく気づいているもの、感想について紹介する。 【学級通信】
③空気の中に入っていたものがアスベスト（石綿）であることを知る。	●原因物質がアスベストであることを知らせる。アスベストとは何かについて考える。 ・アスベストについて聞いたことを発表 ・アスベスト鉱石写真を見せる1、2 ・繊維状（繊維のかたまり）のアスベスト3 【資料3　鉱石写真】
④鉱物であるアスベストが空気に入り込むわけを知る。	●アスベストの性質について知る。 【学習プリント3】 ・繊維はばらばらにすると長さ約10μm、太さは髪の毛の5000分の1（0.02μm）で見えない。大気中に浮かんでとぶ。1μmは1mmの1000分の1で普通のマスクを簡単にくぐり抜ける。 ・鉱物（石）で針のように固い ・肺の中で刺さったり、肺を通り抜けて胸膜まで達する
⑤アスベストを扱う工場の様子を知る。	●アスベスト工場の石綿飛散の様子を知る。泉南地域の仕事はアスベストの鉱物を崩し綿と混ぜ、糸や布を作る仕事。
⑥気づいたこと、思ったこと、さらに知りたいと思ったことを記入する。	【資料4　工場内の写真】 ●次時の予告をする。

学習プリント3　CD 08_03

アスベストと健康　　学習プリント3

年　　組　　名前（　　　　　）

アスベストとはどんなものだろう？

アスベストとは…

・アスベストは（　　　）で（　　　）ともいう。
・繊維をばらばらにすると、長さ（　　）μmくらい、太さは髪の毛の（　　　）分の1くらいで、0.02μm〜0.3μmの大きさ。1μmは1000分の1mm。
・（　　　）のように固い。
・（　　　）の中で刺さったり、（　　　）を通り抜けて、胸膜まで入りこむ。
・体の中に入ったアスベストは取りのぞくことが（　　　　）。

アスベスト製品をつくるには…？
アスベスト工場は鉱物をくずし、
綿や建材などにまぜて使用。

そのときに出た [　　　　　] による健康被害。

きょうの学習でわかったこと、思ったこと、もっと知りたいと思ったこと

_____
_____
_____
_____
_____

大きさの単位

見えないけれど大気中にあるもの
● 大きさを理解するために、まず、目に見えないが大気中にあるものに気づかせる。
● 酸素、窒素（5年で学習）・水蒸気（4年で学習）・花粉
● pm2.5や黄砂 ・排気ガスに含まれる粒 ・おならetc.

気体でない粒子の大きさ
● 1mを100個にわけると1つ分は1cm。さらに10個に分けると1mm。1mmを1000個にわけると1μm（マイクロメートル）。これが用いられる単位である。
● 花粉は30μm。ほとんど見えない。めがねにくっつくとやっと見える。
● 中国から飛んでくるといわれるpm2.5は2.5μm。日常にあるものでは、自動車の排気ガスや工場のけむり、タバコの粒子などである。アスベスト繊維の長さは10μm。太さはpm2.5を100個に分けた1つ分の大きさ。0.02〜0.35μmである。髪の毛の5000分の1で、肉眼で見ることはできない。

資料 3、4　鉱石写真、石綿工場の写真

「中皮腫・じん肺・アスベストセンター」のウェブサイトに鉱石の写真があるので見せたい。
http://www.asbestos-center.jp/asbestos/qanda.html#anchor1
　石綿工場の写真については、『アスベスト惨禍を国に問う』（かもがわ出版）から見ることができる。いかに細かい粉じんが労働作業現場で舞っていたかは資料2の手記にも書かれている。工場周辺の畑作物の上にも白く降り積もっていたそうだ。

アスベストに関するテレビで放映されたドキュメンタリー

● 「泉南アスベスト禍」映像 '10（MBSテレビ 2010.2.21）
● 「石綿村〜アスベスト被害の底流にあるもの〜」（MBCテレビ　2010.6.7）
● 「命て　なんぼなん？泉南アスベスト禍を闘う」（疾走プロダクション製作　2012.10）
● 「死の棘〜じん肺と闘い続ける医師〜」（SBSテレビ　2013.5）

第4時 アスベストが使われた背景

（1）目標

● アスベストの病気には潜伏期間があることを知る。
● 体に害があることがわかってきたのになぜアスベストが使用されたかを考える。

（2）授業の流れ

学習活動	留意点
①前時までの学習を思い起こす。	●アスベストは微細な繊維状の鉱物で、空気に浮かんで工場やその周辺の人々の肺に入り込む病気であることを確認する。
②学級通信アスベストニュースを読み合わせする。	●子どもの記述の中で、代表的なものやよく気づいているものについて紹介する。 【学級通信】
③アスベストの病気には潜伏期間があることを知る。	●日本でアスベストを輸入し、使用された時期を知り、中皮腫がんになって死んだ人のグラフと重ねてみる。 【学習プリント4】 【資料5　アスベスト生産と患者数】 ・生産していた時期と病気になる時期がずれていることに気づく
④体に害があることがわかってきたのになぜアスベストが使用されたかを考える。	・アスベストを吸ってから症状が出るまで（潜伏期間が）10年から40年であることを知る（「静かな時限爆弾」ともよばれる） ●病気になるのに時間がかかり、原因がわからなかった（患者側と国、行政の違い）。 ・国はアスベストが原因物質であることを知っていた 【資料6　国の戦前健康調査】
⑤気づいたこと、思ったこと、さらに知りたいと思ったことを記入する。	●産業活動優先か健康優先か。 ・どうすればよかったのか（自由討論） ●家に帰っての「えんぴつ対談」 【資料7　えんぴつ対談用紙】 ●次時の予告をする。

8 アスベストと健康

学習プリント4 CD 08_04

アスベストと健康　学習プリント4

年　組　名前（　　　　　　）

アスベストを使用した時期と中皮腫がんで亡くなった人の時期をくらべてみよう。
アスベストの輸入量と中皮腫死亡者とのグラフを重ねてみると…。（資料5）

・輸入の多い時期と中皮腫死亡者の多い時をくらべてみよう。棒グラフがアスベスト輸入量で、折れ線グラフが中皮腫死亡者（男性）の今後の予測です。上の折れ線が最大予測値、下の折れ線が最小予測値、中が平均予測値です。

・輸入の多いときの中間時期を1980年ごろとすると、中皮腫死亡者の代表的な予測値で多いときは（　　　　）年ごろである。
・その差は約（　　　　）年である。
・アスベストを吸ってから症状がでるまで潜伏期間は約（　　　）年〜（　　　）年である。
・症状がでるのに時間がかかるのですぐには病気になるかどうかはわからない。静かな（　　　　　　　）と呼ばれる。

●アスベストが体によくないことは、いつごろわかっていたのか。
●体に害があることがわかってきたのに、なぜアスベストが使用されたのかを考えよう。

きょうの学習でわかったこと、思ったこと、もっと知りたいと思ったこと
_____
_____
_____
_____

資料5　アスベスト輸入量と中皮腫死亡者予測

『アスベスト惨禍を国に問う』p42のグラフを見せて、アスベストが過去にどのくらい輸入されてきたかを読み取るとともに、今後増えるであろう中皮腫による死亡者の予測について読み取り、「静かな時限爆弾」と呼ばれる理由を理解させる。

資料7　CD 08_05　えんぴつ対談用紙

えんぴつ対談

年　組　名前（　　　　　　）
対談した人（　　　　　　）

（　　　　）
（　　　　）
（　　　　）
（　　　　）
（　　　　）
（　　　　）
（　　　　）
（　　　　）
（　　　　）
（　　　　）
（　　　　）
（　　　　）
（　　　　）
（　　　　）
（　　　　）
（　　　　）
（　　　　）
（　　　　）

＊「えんぴつ対談」は、これまでの学習を家族や友だちに話し、対談として記録します。本書付録CDにありますので参考にしてください。

資料6　国の戦前健康調査

内務省保険院の調査報告書「アスベスト工場に於ける石綿肺の発生状況に関する調査研究」があった。勤続年数20年を超えると100％の罹患率と報告されていた。しかし、この結果は当の労働者に知らされず、被害は拡大した。（『アスベスト惨禍を国に問う』p66に写真と詳しい解説がある）

第5時 これからどうすればよいのか

（1）目標
●日本では全面禁止されたが、国内には蓄積されたアスベストがあることを知る。
●自らの健康を守り、人々の健康を守るためには何が必要かを考える。

（2）授業の流れ

学習活動	留意点
①前時までの学習を思い起こす。	●産業優先か健康優先か、生活のためにはアスベストは必要だったのか、国の姿勢や企業のあり方について、各自が考えたことを思い起こす。
②学級通信アスベストニュースを読み合わせする。	●子どもの記述や家に帰って取り組んだ「えんぴつ対談」の中で、代表的なものや感想について紹介する。 【学級通信】
③今、アスベスト被害について社会問題になっているわけを知る。	●「なぜ、日本では全面禁止されたのに社会問題になっているのだろう」 【学習プリント5】 ・古い建築物の中に、500万トンものアスベストが潜んでいることを知る ・建築業で働いていた労働者の被害 ・建物の解体、地震等災害時の建物の倒壊
④外国ではアスベスト生産はどうなっているだろう。	●アジア等では、日本・韓国以外で今でも生産と使用が続いていることを知らせる。 ・特にインド、中国、ロシア、タイ
⑤自らの健康を守り、人々の健康を守るために何が必要かを考える。	●自由討論をし、自ら意見を持つようにする。答えは多様であり、それぞれを尊重するようにする。 【資料8　考えられる対策】 【資料9　マスク支援プロジェクト】 ・建物解体時のアスベスト飛散を防ぐ ・防じんマスクN95の着用（マスクプロジェクト） ・法律、教育の整備 ・医学の進歩
⑥気づいたこと、思ったこと、さらに知りたいと思ったことを記入する。	●自由記述

8 アスベストと健康

学習プリント5 CD 08_06

アスベストと健康　学習プリント5

年　組　名前（　　　　）

アスベストは全面使用禁止になったのに、なぜ、今、社会問題になっているのかを考えてみよう。

●生産されたアスベストはどこにいったのか…。

●今、もっとも心配している労働者はどんな仕事をしている人だろう？

●どんなときに、アスベストが飛散するだろう？

- ・生産されたアスベストが最も蓄積されているのは（　　　）の中にある。
- ・日本中に蓄積されているアスベストの量は約（　　　）トン。
- ・今、最も心配している人の仕事は（　　　）業。
- ・アスベストが飛散する心配がおきるのは、（　　　）のとき、（　　　）のときなどの（　　　）のとき。

●アジアの中で、日本ではアスベスト生産や使用が全面禁止されました。ではその他の国はどうしているでしょう。

●自らの健康を守り、人々の健康を守るために何が必要かを考えよう。

きょうの学習でわかったこと、思ったこと、もっと知りたいと思ったこと

（学習プリントの解答例はCD 08_07）

資料8　考えられる対策

阪神・淡路大震災や東日本大震災、その後の熊本地震などの災害で建物が崩壊したときにアスベストがむき出しになる。そのための対策を自ら考えることが必要。中部剛・加藤正文著『忍び寄る震災アスベスト』（かもがわ出版）が参考になる。

資料9　マスク支援プロジェクト

阪神淡路大震災の反省をもとに立ち上げられた。「中皮腫・じん肺・アスベストセンター」ウェブサイトを参照。http://www.asbestos-center.jp/mask/index.html

資料3の学習とともに、実際に防塵マスクN95を見せ、正しく装着してみることも子どもたちの注意を喚起するために有効である。

学級通信

アスベストニュース
アスベストから身体を守ろう　5年生　No.4

静かな時限爆だん　アスベスト

　4時間目の学習が終わりました。
　アスベストが石綿肺や中皮腫がんを引き起こす物質であることを知りましたが、どうしてアスベストが使用されたかも学習しました。それはアスベストが「奇せきの物質」「魔法の素材」と呼ばれ、熱、じょうぶさ、電気を通さない、音を通しにくい（防音）などの用意をしていた答えをみんなはほとんど当てることができました。とても驚きました。それだけでなく、軽い、長持ちする、いろんなものに使える、さらに値段が安いことにも気づきました。すごい！　産業活動にこの「安い」というのはとても意味があります。商品を作るのに材料が安いというのはとても大事なことです。商品の値段を安くして売るとたくさん買ってもらえるからですね。
　ところが、このアスベストについて大きな問題が起きてきました。アスベストの粉を吸い込むと20年から40年後に病気になる人が出てくることがわかってきました。1970から1980年に大量のアスベスト輸入（生産）が行われて、2006年に日本では全面禁止なりましたが、それまでにアスベストを吸い込んだ人が病気になり始めたからです。そして、まだ、その被害者がこれから増えていくのは間違いないと言われています。「静かな時限爆弾」と言われる理由です。吸い込んだアスベストで、いつ突然に体を悪くするかわからないのですね。これも、グラフを見て、みんなは予想することができました。みんなの力を合わせるといろいろなことがわかってくるね。
　さて、4時間目の学習で、みなさんの感想を紹介します。

これまでの学習でわかったこと

- ・これからアスベストの病気がふえてくる。（IM　OT　KM）
- ・2006年にアスベストが使用禁止になった。（OT）
- ・アスベストは熱や電気や昔も薬品にも強い。（NA　TN）
- ・アスベストは「魔法の素材」とよばれているくらい便利だけどとてもこわい物ということ。（YM　NY　NY）
- ・みんなは昔、アスベストを使っていた。（TY）
- ・アスベストは熱に強く電気を通さないから消防服にも使われていた。（IR）

- ・アスベストはいろんな物に使われる。アスベストの便利さ。（KN）
- ・アスベストは熱さや寒さに強いってわかった。（IA）
- ・アスベストは「奇せきの鉱物」「魔法の素材」ということ。（NY　KY）
- ・アスベストはいろんな物に強い。（NH）
- ・アスベストは熱とかにも強いけど人にも悪い。（TM）

思ったこと

- ・アスベストはこわいな〜と思った。（KM）
- ・アスベストを使っていた人が心配。（KM　OY　KN）
- ・グラフはなぜ男性死亡者しかのせていないのか。（KY）
- ・薬品にも強いとかすごいと思った。（TM）
- ・いつかアスベストを通さないマスクを作ったら大丈夫なんだろうな。（IR）
- ・アスベストはすごいと思った。（TY）
- ・アスベストは「魔法の素材」とよばれ便利なのに使えなくて残念…。（YM）
- ・これ以上アスベストの病気が広がらないでほしい。（OT）
- ・病気をいつ発しょうするかわからないので、アスベストを吸った人は心配でたまらないと思う。（IM）

もっと知りたいと思ったこと

- ・アスベストは汽車や船、飛行機、電気製品、自動車以外は使っているか？（OY）
- ・アスベストの主な産地、どこから輸入しているか。（IM　OT）
- ・今、アスベストを使っている国がどれくらいあるか。（NA　NY　KY）
- ・外国でアスベスト工場はあるのか。（TM）
- ・アスベストを「奇せきの鉱物」といっていた人はどんな人だろう。（KN）
- ・アスベストはどんな固さだろう。（IA）
- ・なぜ禁止になったか、もっと知りたい。（TN）
- ・ほかの昔話（竹取物語）以外にアスベストのことが出ているか。（FK）
- ・アスベストの病気は虫にもかかるのか。（KM）

　今回もすごく大切なことに気づいて書き込んでくれています。アスベストとはギリシャ語で「不滅」という意味です。竹取物語では火山の中に住む巨大ネズミの毛を刈って織れば布になり、汚れても火中に投げればきれいになって着ることができました。けれども、現代では、大変困ったことになりました。害があるとわかってきたのに、なぜ、生産がつづけられたのか。なぜ、今も、外国では生産され、日本をふくめて使用されているのかを次の時間に考えたいと思います。

高学年　**9 原発探検隊**

Ⅰ 教材について

　私たちに地震の恐ろしさ、津波の凄まじさ、自然の強大さを見せつけた東日本大震災が起きて6年が過ぎた。いまだ避難を余儀なくされている人たちが約14万8千人[※1]いる。その中でも福島県にいたっては、自分の故郷から離れなければならない県外避難者が4万982人（宮城県は5930人、岩手県は1390人）[※1]と突出している。これだけの県外避難者数がいることの原因を生み出している要因の1つは福島第一原発事故（以下、原発事故）である。6年たった今でも原発事故は収束しておらず、汚染水漏れなどの報道がなされている。そんな中、電力会社は原発の再稼動を進めようとしており、再稼動反対派の人々との間で様々な軋轢が生じている。

　原発が日本で建設され始めたころは、「明るい未来のエネルギー」と謳われ、原発は安全で安定した電力を供給できるとして注目を浴びた。当時の文部省（現在の文部科学省）も原発は安全であることを載せた冊子を作成し、原子力の安全性、重要性を普及するため学校現場に配っている。

　元京都大原子炉実験所の小出裕章氏は「原子力は徹底的に危険で差別的。事故が起きれば古里を追われる」と語り、原発の危険性を訴え続けている。

　原発は人体に危険な放射線を発する、放射性物質を扱っている。原発で発生した放射性廃棄物は捨てるところがなく、現在青森県の六ヶ所村で一時保存している状態だ。地下300mに廃棄場所を建設中で、その廃棄場所を建設しても、放射性廃棄物を10万年閉じ込めておかなくてはならない。

　原発で働く人々は、高線量の放射線を浴びながらも、下請け労働者としてピンハネされた賃金で働いている。多くの事故は電力会社の不利益になるからともみ消される。

　子どもたちに原発問題の何を伝えるか、何を学習対象にするかを考える時、健康教育という観点からは、放射線が体にどのような被害を与えるかを学び、安全な生活を送るためにどうすればいいかなどを学習内容にすることができる。また、総合や理科の学習でエネルギー問題として学習することもできるだろう。ただ、ここで大切にしたいことは原発はいる、いらないなどの二元論で語られることがないように注意することである。子どもたちに事実を提示し、子どもたちと対話を進め、子どもたち自身が未来の私たちの社会をどのようにしていきたいかを、原発問題をきっかけにして考えさせたい。

※1　2016年7月14日現在　復興庁調べ
『原発のウソ』（小出裕章　扶桑社新書　2011年）『いのちに触れる　生と性と死の授業』（鳥山敏子　太郎次郎社　1985年）

Ⅱ ねらい

●放射線について知り、安全について考える。
●原発内部で働く人の実情を知る。
●原発事故で避難している人々の声を読み取り、自分の考えを持つ。

Ⅲ 全体計画例（全6時間）

	ねらい	内容	資料
1	東日本大震災について知り、現在の避難者数から原発事故を考える。	震災当時の写真を見る。東日本大震災の死者、行方不明者、負傷者、避難者数を確認する。現在の避難者数に視点を移し、震災当時と現在の避難者数、県外避難者数を確認する。	震災時の写真 復興庁ウェブサイトより避難者の数
2	原発の仕組み、日本の原発の場所、数を知る。	原発について知っていることを出し合う。原発の発電方法を知る。日本の原発の数、場所を確認する。	原発の数と場所がわかる資料
3	原発がなぜ電力消費地から離れたところにあるかを考える。	『福島原発の闇』を紙芝居風にした資料を見る。なぜ原発が電力消費地から離れたところにあるかを考える。 子どもたちには作者の堀江邦夫氏になりきって伝えたい。	『福島原発の闇』
4	放射線について学ぶ。	放射線のイメージを出し合う。身近に飛んでいる放射線について考える。放射線は防ぐ方法があるかを学ぶ。放射線は浴びる量によって体にどんな変化が起こるか考える。	新・全国の放射能情報一覧ウェブサイト
5	福島の放射線や大量に放射線を浴びればどうなるかを学ぶ。	福島の現在の放射線量を知る。 避難解除準備区域を知り、自分ならどうするか考える。東海村臨界事故について知る。	新・全国の放射能情報一覧ウェブサイト 『朽ちていった命』
6	原発事故で避難している子どもたちの作文を読む。	原発事故で避難している子どもたちの作文を用いて、考えてほしい言葉に線を引き、思いを考える。まとめとして、学習全体を振り返り感想を書く。	『福島の子どもたちからの手紙』

【参考文献・資料】
冊子「わくわく原子カランド」（文部科学省　2010年）
『福島原発の闇』（堀江邦夫・文　水木しげる・絵　朝日新聞出版　2011年）
『朽ちていった命　被曝治療83日の記録』（NHK「東海村臨界事故」取材班　新潮文庫　2006年）
『福島の子どもたちからの手紙　ほうしゃのうっていつなくなるの？』（KIDS VOICE編　朝日新聞出版　2012年）
『教室で教えたい放射能と原発』（江川多喜雄・浦辺悦夫　いかだ社　2013年）
新・全国の放射能情報一覧　http://new.atmc.jp/

授業の進め方

第1時 東日本大震災を学ぶ

（1）目標

●東日本大震災の被災状況を知る。
●福島県の県外避難者数が多い理由を考える。

（2）授業の流れ

学習活動	留意点
①東日本大震災の写真を見る。	東日本大震災に関する写真を10枚程度用意する（建物や津波の様子がわかるもの、身近な人で被災地に行った人から写真をいただければなおよい）。写真については1枚1枚どのような状況の写真かを説明する。
②被災状況を確認する。	死亡者数、行方不明者数、負傷者数、避難者数の4項目についてまとめる。 【学習プリント1-①②】
③現在の避難者数を予想、確認する。	復興庁のウェブサイトより、現在の避難者数、県外の避難者数をプリントアウトし、子どもたちに資料として配布する。【資料1】 避難者数の変遷を追っていき、福島県の避難者数、県外避難者数の数値を確認する。
④福島県の県外避難者数が多い理由を考える。	子どもたちに県外避難が多い理由を考えさせる。考えた理由の交流時間をしっかり確保したい。
⑤疑問やもっと知りたいこと、本時の感想をプリントにまとめる。	子どもたちの書いた疑問や感想は、通信として子どもたちに後日配布する。（毎時行う） 【学級通信1】

9 原発探検隊

学習プリント1-② CD 09_02
学習プリント1-① CD 09_01

原発探検隊　学習プリント1-①

年　組　名前（　　　　　）

◎今年の3月11日で東日本大震災からちょうど　　年がたちます。東日本大震災のことを社会の教科書からまとめていきましょう。

死亡者数	
行方不明者数	
負傷者数	
避難者数	

◎現在、震災が起こってから避難している人の数はどのくらいいると思いますか。
予想してみましょう。（　　年　月時点）

予想	実際の避難者数

◎配った資料から学習しましょう。
岩手・宮城・福島の避難者数からわかること

県外への避難者数の推移からわかること

原発探検隊　学習プリント1-②

年　組　名前

◎福島の人たちは、なぜ県外へ避難し

予想	
答え	

◎疑問やもっと知りたいことを感想と

疑問	
もっと知りたいこと	
学習した感想	

資料1　CD 09_03　東北3県の避難者数

資料1　東北3県の避難者数
[全国の避難者等の数（平成28年11月29日　復興庁）より作成]

各地方公共団体の協力を得て、避難者等の所在都道府県別・所在施設別の数（平成28年11月10日現在）を把握しましたので、以下の通り公表します。

①全国の避難者等の数は、約13万4千人
②全国47都道府県、1,102の市区町村に所在

所在都道府県の避難者等の数（平成28年11月10日現在）【概要】
（単位：人、団体数）

所在都道府県	施設別			計	所在市区町村数
	A 住宅等（公営、応急仮設、民間賃貸等）	B 親族・知人宅等	C 病院等		
岩手県	15,820	513	2	16,335	27
宮城県	26,857	1,235	6	28,098	34
福島県	41,407	2,239	—	43,646	47

避難者数の推移（所在都道府県別）　（単位：人）

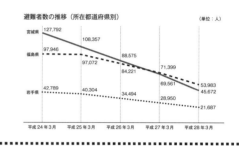

学級通信1　CD 09_04

東日本大震災から学習しよう！おたより　NO.1

【今回の学習】**1時間目**
・東日本大震災の写真を見る
・東日本大震災の被害状況を把握する
・現在の避難者数の表から学ぶ
・県外避難が多い福島県の理由は？

疑問やもっと知りたいこと
・ひなんした人がひなんばしょからいなくなるのは何年後か。
・完全に元にもどるのはいつか。
　この問いに自分なりの答えが出せるように学習していきましょう。
・なぜ原発事故が起こったか。なぜ10mのかべをこえたか。
・なぜ10mもあるていぼうをこえたか。つなみはどうしてなるのか。
・夜はもっとねれたのか、10mのかべをなぜこえたのか。
　それだけ大きな地震だったのです。避難所の夜はなかなか眠れなかったようです。
・なぜ2かいのへやがのこっているの。何もこわれていないのに、自えいたいの人に絵をわたしたことを知りたいです。
　部屋は偶然だと思います。絵を渡らした子どもの気持ちを考えられるようになったらいいですね。
・なぜいまだに（避難者が）半分ぐらいも残っているのか。原発事故のこと。
　避難者の数がなかなか減らないのは復興がまだまだ進んでいないことです。
・なぜつなみはおこるのか。
・じしんとつなみについて知りたい。
・家は何けんながされたのか。　約14万件が全壊しました。
・原発とは何か、つなみはなぜおこるのか。
・なぜ津波がきたのか、げんぱつについてしりたい。
・家の上に船とか乗って、どうやっておろしたのだろうか。原発の事をもっと知りたい。
　船や車、壊れた家などはがれき（ごみ）として処分されました。
・津波はどうしておきるのか。じしんはどうしておきるのか。（部分的になぜおこるのか）東日本大震災でのひ害の大きさ、こわれた家やこわれた何かの様子。
　現在はどうなっているのかをまた写真で見たいと思います。
・原発はどうやって作ったか、どんなえいきょうをあたえるのか。
・なぜ原発は海の近くにあるのか、原発のしくみ。
・つなみは何kmぐらいの速さでくるのか。　時速115kmだったそうです。
・ひなんしている人がすごく多かったこと、今どうすごしているのか。
・原子力は元にもどせないか、原子力の後。
・もう少ししん災について、色々なことを知りたいです。

次の時間は原発のことについて学習していきましょう。
津波や地震のことが知りたいという人が多かったので、次のプリントにまとめました。

学習した感想
・負傷者がいがいに少なかった。
・5年前のことをけっこうしれてよかった。
・とてもざんこくなかんじで、自分がこんなことにあったらと思うとゾッとしました。
・死亡者数と行方不明者数をあわせると2万人ぐらいもいるのがびっくりした。
・つなみのひなんにあった人がかわいそうだと思いました。
・一回でこんなに多くの人が死んだというのがわかった。
・いろいろしってよかったです。家がばらばらになったりしていて、たいへんだったんだなぁーと思いました。
・ここは地しんのときは、水ではなく土になると思う。こわいと思った。
・つなみはこわいなぁと思いました。
・じっさいにひがいにあった人は、パニックになっているだろうなと思いました。もしあれがぼくだったらすごーくパニくっているだろうなと思いました。
・地しんはこわいと思った。
・福島の人は帰りたくても帰れないというのがすごく残念だと思った。家の上に船など乗っていてビックリした。
・東日本大震災ではたくさんの人が亡くなったり避難していることが分かった。福島第一原発では多くの人が自分の家に帰れないことをしり、とても悲しいと思った。今でも震災のことで家が無く避難している人やその時のケガをひきずっている人がたくさんいることがとても気になる。
大阪に地震が来たら私はパニックになると思う。東日本大震災では、私よりも小さい子などが震災を経験したと思うと怖くなる。
・ふくしまの人はたいへんな思いをしているんだなーと思った。
・つなみはとてもこわい。
・じしんとのつなみを考えてこうどうしたい。
・あまりわからなかった。つなみのことがわかってよかったこと。
・5年前に地しんや原発事故があったこと。
・しん災で15866人もなくなっているのは、どれほどおそろしいしん災だったかが、分かりました。
　みんなとてもいい感想を書いていますね。みんなが2年生の時に起こった震災でした。それが今でもまだまだ終わっていないんだという事を分かってもらえたらうれしいです。

第2時 原発とは何だろう？

（1）目標
- 原発の仕組みを知る。
- 日本にある原発の数、場所を知り、原発が電力消費地から離れていることを発見する。

（2）授業の流れ

学習活動	留意点
①原発について知っていることを出し合う。	頭の中にあるイメージでもかまわないので自由に書かせる。【学習プリント2-①②】
②原発の仕組みを確認する。	原発の発電の仕組みを確認する。あまり難しい話にならないよう留意する。
③日本にある原発の数を予想・確認する。	原発がある場所と数がわかる資料を配布する。【資料2】
④わたしたちの町に電気を送っている原発はどこかを確認する。	町に来ている電気の全てが原発から来ているわけではないことはおさえ、電力消費地から離れていることを確認する。
⑤疑問やもっと知りたいこと、本時の感想をプリントにまとめる。	次時につなげるために「なぜ電力消費地から離れた場所に原発は建っているのか」という疑問を持たせたい。【学級通信2】

原発の発電の仕組み

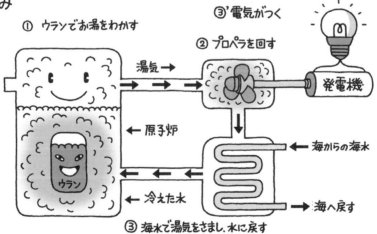

「ストップ！浜岡原発」
ウェブサイトより作図
http://www.stop-hamaoka.com/ehon/two.html

9 原発探検隊

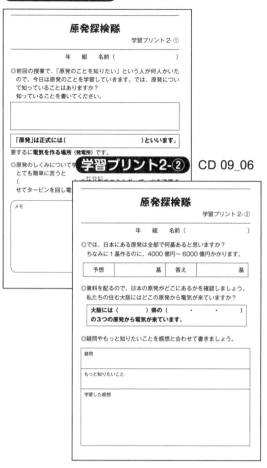

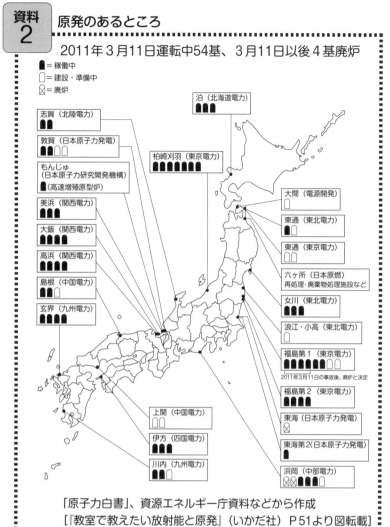

資料2 原発のあるところ

2011年3月11日運転中54基、3月11日以後4基廃炉

「原子力白書」、資源エネルギー庁資料などから作成
[『教室で教えたい放射能と原発』（いかだ社）P51より図転載]

第3時 原発で働くということ

(1) 目標
●原発で働く労働者の実態を知る。
●原発が電力消費地から離れている理由を考える。

(2) 授業の流れ

学習活動	留意点
①『福島原発の闇』の資料を見ながら、話を聞き、メモを取る。	『福島原発の闇』数ページを資料にし、まとめた映像を見せる。 気になった単語や言葉、絵の様子などをメモするように伝える。【学習プリント3】 また、『いのちに触れる』は、『福島原発の闇』の著者・堀江氏が鳥山氏のクラスに来て話をした内容が本になっている。子どもたちに話す際にぜひ参照されたい。
②原発がなぜ電力消費地から離れた場所にあるのかを考える。	原発で働く人の様子を知ることで、子どもたちの思考にも変化が現れてくるであろう。ここで、子どもたちが考えた内容で、話を膨らませることができる内容があれば、考えていきたい。
③疑問やもっと知りたいこと、本時の感想をプリントにまとめる。	【学級通信3】

堀江邦夫さん

　ルポライターである堀江邦夫さんは、1978年9月から翌1979年4月にかけて、実際に原発の労働者として働いた。そこで見聞きしたことを『原発ジプシー』(1979年)として出版。水木しげるさんが堀江さんの話から想像して絵を描き、朝日グラフから1979年に出版したものを2011年に単行本『福島原発の闇　原発下請け労働者の現実』として出版された。

学習プリント3　CD 09_08

原発探検隊

学習プリント3

年　組　名前（　　　　　　）

○『福島原発の闇』という本をみんなに話します。
　話を聞きながら感じたことをメモしましょう。

○原発はどうして遠く離れたところから電気を送っていると思いますか。自分の考えを書きましょう。

『福島原発の闇』
（堀江邦夫・文　水木しげる・絵
朝日新聞出版）

『いのちに触れる
生と性と死の授業』
（鳥山敏子　太郎次郎社）

学級通信3　CD 09_09

東日本大震災から学習しよう！おたより

NO.3

【今回の学習】3時間目
・福島原発で働いた人の本を読む
・原発がなぜ遠いところから電気を
　送っているか考える

○原発はなぜ遠いところから電気を送っていると思いますか。自分の考えを書きましょう。
・近かったら放射能の被害が増えるから。
・ばくはつしたらあぶないから。
・ばく発したらあぶない。
・人が多い所だと、ばくはつした時、放射能をあびる人が多くなってぎせい者が増えるから。
・あぶないから。
・事故がおきたときに、大きなえいきょうをあたえないため。
・自分勝手、自分の所に放射能が来ないように。
・もし、ばくはつして、にげるための県（場所）がいるから。
・なるべく人の少ないところでするため。
・爆発したらやばいから。
・放射能がとどかないようにするため。
・少しでも多くの人を放射能から守るため。
・危険だから。
・爆発したら危ないから。
・ばくはつしたらこわいから。
・人が多い所に原子力発電所をおくと、危険だから。
・爆発すると放射能が出て危ないから。
・ひがいをさけるため。
・大きい都市に放射能がいかないように。

みんなの理由を見ていると、とてもするどい理由を書いていると思います。
人の少ないところ、大きい都市に放射能がいかないように、自分の所に放射能が来ないように・・・。
いったい誰を守っているのでしょうか？
大多数を守るのなら、小さな町に住む人たちは犠牲になっていいのでしょうか？
そんな遠くの場所に建てずに、大量に電気を使う大阪や東京に原発を建てればいいじゃないかという意見をどう思いますか。

疑問やもっと知りたいこと

・放射能は体についたらどうなるんですか、体にはいったらどうなるの。
・放射能を吸った魚を料理するときに放射能がふくまれているとわかるのか、放射能を吸った人はどのくらいいるのか。
・今は放射能の対策はどうなっているか、これからの原発の進み。
・放射能を食べた魚は死ぬのか？それは食べられるのか、放射能は痛い！！とかかゆい！！とかあるのか。
・放射能はあぶないのか、放射能はあびすぎたらどうなるのか。
・放射能の仕事をして亡くなった人はどれくらいか。
・原発の放射能で体を悪くしたときのちりょうはないのか、たくさんパイプがあったところはなにに活用しているのか。
・放射線にはどんなどくがあるのか。

⇒放射能（正しくは放射線といいます）については、次の時間に学習しましょう。

・なんで何もやっていないのに、お金だけ取っているの。
・ホースのついた服を着た時、たまに空気が来なくなるのはなぜ、もっと原発の仕事を聞きたい　⇒機械には常に故障が付きまといます
・安全より利益をとるのはなぜなのか、原子力発電所のしくみ。

⇒これは今の世の中のしくみを考えないといけないと思います

・危険で大変な仕事なのに、なぜやろうと思うのか、外に出したヘドロの行き先や工場のしくみについて。
・なぜそんな所（原発）で働くのか、原子とは。
・なぜ、原発はそんなにきけんなのか、（ごみの入った）ドラムかんをどこにすてるのかしりたい。

⇒原発から出るゴミ（放射性廃棄物といいます）は、現在は原発の施設内にある貯蔵プールか、青森県六ケ所村で保存してあります。

・（原発の）きかいは今でもつかっているのか

⇒福島の原発は事故で使えませんが、他は今でも使おうとしています。

・ほかにどんなけががあったのだろうか、パイプの中みとは。
・なぜ、中にマンホールがあるのか、今まで大きな事故は何回あったか。
・パイプは全部で何本あるか、なぜパイプがあんなにあるのか。

⇒パイプは何かしらの物質が運ばれるためにあります。無駄なものは1つもありません。ケガや事故に関しては前の時間に話しましたが、小さなものでもばれると電気会社の評判が悪くなってしまうので正確な数はわかりません。

第4時 放射線って何だろう？

（1）目標
- 放射線について基本的なことを知る。
- 放射線の人体に対する影響を学ぶ。

（2）授業の流れ

学習活動	留意点
①放射線のことで知っていることを話し合う。	放射線について知っていることを何でもいいから出し合う。 **【学習プリント4-①②】**
②放射線は止めることができるかを予想し、放射線の種類と防ぎ方を知る。	$α$線、$β$線、$γ$線、中性子線の4種類を取り上げ、何で防げるかを**【資料3】**で提示する。 放射性物質の写真（ウランの原石など）があれば見せるとイメージがつかみやすい。
③身の回りの放射線量を知る。	「新・全国の放射能情報一覧」というサイトで、学校の近くになる地点を探し、そこの放射線量を提示した。Svや$μ$Sv/h（マイクロシーベルト毎時）などの用語を説明するが、子どもたちにとって放射線量の量感がとても掴みにくいので、あまり難しくならないようにする。
④放射線はどれだけ浴びると、人体にどのような変化が現れるのかを知る。	どのくらいの量で、人体にどのような影響があるかをまとめた**【資料4】**を提示する。
⑤疑問やもっと知りたいこと、本時の感想をプリントにまとめる。	**【学級通信4】**

9 原発探検隊

学習プリント4-② CD 09_11

原発探検隊
学習プリント4-②

学習プリント4-① CD 09_10

原発探検隊
学習プリント4-①

年　組　名前（　　　　　）

◎みんなの疑問や知りたいこと、感想に「放射能」という言葉がたくさん出てきました。（正しくは放射線といいます）放射線とはどういうものでしょうか。学習してみましょう。

・放射能や放射線ってどんなものだと思いますか？自由に書きましょう。

・では、飛んでいる放射線は止めることができるでしょうか。
予想

・現在、私たちの身の回りには放射線が飛んでいると思いますか。
予想

今日の学校近辺の放射線量は
（　　　　　　　）μSv/h

放射線を測る単位
放射線測定機に出ている数字は、その場所での放射線の強さを表します。単位はμSv/h（マイクロシーベルト毎時）と読みます。人が1時間あて

学級通信4　CD 09_13

東日本大震災から学習しよう！おたより
NO.4

【今回の学習】4時間目
・放射線について知る
・身の回りの放射線
・放射線をあびるとどうなるのか

疑問やもっと知りたいこと
・いい放射線はあるのか？千早にはどれだけとんでいるのか。
・空気中に放射線があったら人間は生きていけるのか、外国にはどれだけ放射線があるのか。
・今、世界の中でいちばん放射線がとんでいる国はどこなのか、7000mSvあびると体はどうなるのか。
・なぜDNAをこわすのか。
・放射線を浴びて亡くなる人は、どのようなことが起きて亡くなっていったのか、チェルノブイリ原発事故について。
・放射線は目に見えるのか。
・内部ひばくになったらどうなるのか、水にはほうしゃせんがはいらないのか。
・ほうしゃせんは自然に危険をおよぼすか、放射線をあびて1日で死亡してしまう人はいるか。
・放射線は、なぜ止められないのか、千早赤阪村にはどのくらい放射線が飛んでいるのか。
・なぜ、危険な放射線が存在するのか。
・福島の原発で何人の人が亡くなったのか。
・日本全体に放射線はあるのか、放射線をたくさん浴びたらどうなるのか。
・放射線の抗体をもっている人がいるか、放射線は種類によっておきることはちがうか。
・放射線をぜったいあびない方法。
・放射線とかあびた人はなおすことはできないのか。
・放射線はどのようなところにいたら多くあびるのか。
・放射線で病気になった人はその後生きているのか、放射線は日本で一番どこが多いのか。

低放射線には2つの考え方があります。1つは100mSv以下の弱い被爆なら問題なしという考え方です。100mSv以下で長い間被爆し続けた例や実験データがないといわれています。もう1つは、低い被爆量でもあび続けたらそれなりの確率で細胞が傷つけられる恐れがあるという考え方です。あなたはどう思いますか？

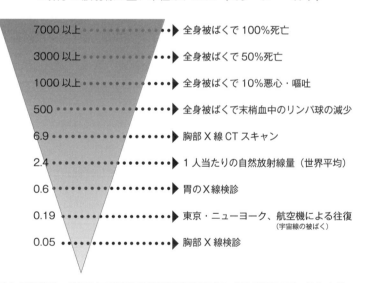

資料3 放射線を止めるには

四国電力ウェブサイトから作成

資料4 CD 09_12 放射線と人体への影響

※数字は放射線の量、単位は、mSv（ミリ・シーベルト）

- 7000以上 → 全身被ばくで100%死亡
- 3000以上 → 全身被ばくで50%死亡
- 1000以上 → 全身被ばくで10%悪心・嘔吐
- 500 → 全身被ばくで末梢血中のリンパ球の減少
- 6.9 → 胸部X線CTスキャン
- 2.4 → 1人当たりの自然放射線量（世界平均）
- 0.6 → 胃のX線検診
- 0.19 → 東京・ニューヨーク、航空機による往復（宇宙線の被ばく）
- 0.05 → 胸部X線検診

図中の数値は、2008年国連放射線影響科学委員会（UNSCEAR）報告より

第5時 放射線をたくさん浴びればどうなるの？

（1）目標
- 放射線について基本的な避難解除区域に自分の家があればどうするか考える。
- 大量の放射線を浴びた時に体にどのような変化が起こるか学ぶ。

（2）授業の流れ

学習活動	留意点
①前時の振り返りをする。	前時に放射線をたくさん浴びると量によっては死に至る恐れがあるけど、少量では体への変化を証明できないことを再確認する。【学習プリント5-①②】
②福島の現在の放射線量を調べ、避難が解除された地区に家があれば、帰宅するかどうかを考える。	「新・全国の放射能情報一覧」において福島県の夫沢三区地区集会所地点の放射線量を提示する。11μSv/h以上あり、自分の地区との差が約何倍かを考える。
③放射線を大量に浴びた時、体にどのような変化があるか、東海村臨界事故を例に説明する。	『朽ちていった命』の大内さんの様子をまとめ、子どもたちに提示し説明する。【資料5】

第6時 原発事故にあった福島の子どもたちの想い

（1）目標
- 原発事故にあった福島の子どもたちの作文を読み、子どもたちの心情を考える。
- 学習のまとめとして、今まで学習したことを振り返り、自分の考えを書く。

（2）授業の流れ

学習活動	留意点
①原発事故にあった福島の子どもたちの作文を読み、下線部（下線部は教師が引く）を引いたところを中心に考える。 ②学習のまとめ	4人の子どもたちの作文を資料「福島の子どもたちからの手紙」よりとして配布し、子どもたちの心情を考える。【学習プリント6-①②】

9 原発探検隊

学習プリント5-② CD 09_15

原発探検隊
学習プリント5-②

年　組　名前（　　　）

大量に放射線をあびることは普[...]
大阪に住んでいると、年間約0.[...]
しかし、福島はその約150倍以[...]
高浜原発が再稼働しました。次[...]
次は「福島の子どもたちの作文[...]

◎疑問やもっと知りたい[...]

疑問	
もっと知りたいこと	
学習した感想	

学習プリント5-① CD 09_14

原発探検隊
学習プリント5-①

年　組　名前（　　　）

◎前の時間に放射線はたくさん浴びると、死にいたるおそれがあるが、少ない量（100mSv以下）なら、どのような変化が体に起きているかわからないことを話しました。

1、福島の放射線量は？
福島県夫沢三区地区集会所の放射線量は
（　　　　　　　）μSv
この量は○○市のおよそ（　　　　　　　）倍の放射線量。

赤色の地区は避難指示区域といって、許可があっても入ることができない場所になっています。周囲の緑色の所はこの先、家に帰ることができるように準備しているそうで、その場所は放射線量が年間 20 ミリシーベルト以下になるのは確実だそうです。あなたがここの住民だったとして、家に帰りますか。理由もあわせて書きましょう。

住民だったとしたら（　帰る　・　帰らない　）

資料 5　大量の放射線をあびたら人間はどうなるの？　CD 09_16

資料5　大量の放射線をあびたら人間はどうなるの？
～1999年茨城県東海村で起こった事故から学ぶ～
［資料「朽ちていった命」（新潮文庫）からまとめました］

被害者：大内さん（当時35歳）妻と子供がいた
ウランを溶かした液体を大きな沈殿槽に流し込む作業をしているときに、ウランが核分裂を起こし、大量の放射線（8Sv以上）を浴び被爆。おう吐し意識を失う。

2日目〜3日目	顔面が少し赤くなり、むくんでいる。意識もしっかりしていて受け答えも正確にできる。外見からはどこが悪いのかもわからない。体がだるい、右手が痛いと訴える。
7日目	血液検査により、遺伝子が破壊されていることが分かる。初日にリンパ球（体に入った悪い菌を攻撃する）がほぼ0になっていたことが分かる。白血球、血小板の減少。造血幹細胞移植を行う。
10日目〜11日目	とても疲れた様子を見せる。のどの渇きを訴える。医療用のテープをはがすと、皮膚も一緒についてくる。テープのあとが消えなくなる。呼吸困難になる。
18日目	意識はしっかりしている。新しい細胞を入れても細胞が傷つくことが分かる。
27日目	腸が栄養を取らないことが分かる。緑色の大量の下痢。右側の皮膚はむけたまま。まぶたが閉じない状態。目から出血。爪がはがれ落ちる。
50日目	2日1回皮膚移植。下痢も続く。10Lの水分を入れる。意識はある。大量の輸血を毎日行う。
59日目	49分間心臓停止。脳死状態。血液を常に新しいものと入れ替える。
83日目	2度目の心停止。心臓の筋肉だけは破壊されてなかった。

学習プリント6-② CD 09_18

原発探検隊
年　組　名前（　　　）

資料の下線部③の気持ちを考えましょう。
何をとられたのでしょうか。

◎原発があるということは、何かあったときに[...]
うな気持になるような人を生み出す可能性が[...]
それは未来の自分かもしれません。

今まで学習してきた感想を書きましょう。

学習プリント6-① CD 09_17

原発探検隊
学習プリント6-①

年　組　名前（　　　）

◎今日で総合の学習は最後です。今回は、福島の子どもたちが書いた作文を読んで、子ども達の気持ちを考えていきたいと思います。

☆資料を見ましょう

資料の下線部①の気持ちを考えましょう。
2011年の2学期から転校することになったもえちゃんは、いやだかなしいといっていますが、何がいやで、何がかなしいのでしょうか。

資料の下線部②の気持ちを考えましょう。
全国に避難している福島の人たちはどんな想いで避難しているのでしょうか。

『福島の子どもたちからの手紙
　～ほうしゃのうっていつなくなるの？』
（KIDS VOICE編　朝日新聞出版）

(学習プリントの解答例はCD 09_19)

高学年　10 「エイズ」って何？

Ⅰ　教材について

　エイズは、HIV（ヒト免疫不全ウイルス）の感染によって起こる病気である。HIVは、免疫の働きを低下させるので、発病するとさまざまな感染症やがんにかかりやすくなる。こうした症状をエイズ（後天性免疫不全症候群）という。代表的な感染症のインフルエンザとの比較でHIVウィルスの特徴をつかませるとわかりやすい。5・6年保健「病気の予防」で学ぶので、保健の教科書も使って学ぶことができる。

　エイズを取り上げた理由の第1は、他の先進国では減っているのに日本だけがHIV感染者・エイズ患者が増え続けているという実態である（資料4-①②）。しかも、若い人の感染率が上がっていることに対しての関心は年々下がっていると分析されている（厚生労働省エイズサーベイランス委員会）。

　第2は、アフリカで1日に2000人以上もの人がエイズで亡くなっていることである（資料2）。世界で治療薬を飲めずに死んでいく多くの人々（小さい子どもたちも）がいる。6年生は、世界に目を向けて広い視野で物事を考え始める時期でもある。世界と日本を比較しながら、正しい知識を身につけさせたい。特許権を持っている新薬は高くて必要としている人たちに届かないこと、後進国がジェネリック薬（コピー薬）を輸入することをめぐり「特許権か？生存権か？」の世界的な運動があったことや、貧困問題に目を向け、命の格差について考えさせたい。

　第3は、エイズは日本では薬害という「人災」から始まったということである。薬害など医療に関する問題は現在も多岐にわたって起こっている。将来エイズにかからないようにするという予防教育としてのみ扱うのではなく、被害者の多くが10代の子どもだったという日本の薬害エイズ・匿名裁判について学び、人としての生きる権利を学びたい。実名を公開し裁判で闘った川田龍平さんやオーストラリアの11歳の少女イブ、アメリカのジョナサンなどのHIVと共に生きる若者の生き方を学ばせたい。

　さらに、悲惨な実態だけでなく、HIV感染者をサポートする団体「LAP」を作った若者・シミズ君の希望を持たせてくれる活動について学ばせたい。

Ⅱ　ねらい

● エイズについての知識を身につける。
● 世界のエイズの実態、HIVと共に生きる人、感染者をサポートする人の生き方を学び、人権や命について考える。
● 仲間や親との対話で、考えを深め合う。

Ⅲ 全体計画例（全6時間）

	ねらい	内容	資料
1	HIV・エイズの特徴を理解する。	エイズに関する知識の調査。 免疫の仕組み、感染症の比較、エイズ発症まで。	保健の教科書 資料1 『エイズの絵本』
2	世界のエイズの実態を知る。	世界の地域別感染者数を比較。 死をまつ子ども、生きのびる子ども。	資料2 『エイズとの闘い』
3	エイズの特許薬と人権・命について考える。	アフリカでは1日に2000人以上もの人がエイズで亡くなる事実。特許より保健が優位と決めたドーハ宣言。	資料3 憲法13条、25条 WHOドーハ宣言
4	日本の薬害エイズ、匿名裁判について学ぶ。	薬害エイズ匿名裁判での訴え（川田龍平さん、M君ら） 日本のエイズ感染者数	『薬害エイズ原告からの手紙』『エイズを生きる子どもたち』 資料4
5	HIVと共に生きる子どもや若者の生き方に学ぶ。	オーストラリアで差別されニュージーランドに移住し、HIVと共に生きる「少女イブ」やアメリカの「ジョナサン」「ライアン」など。	ビデオで入手できる教材あるいは絵本などで（p126に紹介）
6	LAPの活動を知る。 学習のまとめ	HIVと共に生きる人をサポートするNGOを立ち上げた若者。PWAと共に生きる意味を考える。	LAPのウェブサイト 『ある日ぼくは「AIDS」と出会った』

【参考文献・資料】
『エイズの絵本』（北沢杏子　アーニ出版　1996年）
『エイズとの闘い』（林達夫　岩波ブックレット　2005年）
『薬害エイズ原告からの手紙』（東京HIV訴訟原告団編著　三省堂　1995年）
『エイズを生きる子どもたち　10代の感染者から学ぶ』（菊池治　かもがわブックレット　1994年）
『ある日ぼくは「AIDS」と出会った　シミズくんのエイズ・サポートグループ設立記』
（木谷麦子　ポプラ社　1998年）
LAP　http://www.lap.jp/
アフリカ日本協議会（AJF）　http://www.ajt.gr.jp/
エイズ予防情報ネット　http://api-net.jfap.or.jp/
国連合同エイズ計画（UNAIDS）「ファクトシートNOVEMBER 2016」
　http://api-net.jfap.or.jp/status/pdf/fact-sheet_nov2016.pdf

授業の進め方

第1時 エイズは、どんな病気なのか？

（1）目標

- エイズはHIVウィルスという感染力の弱いウィルスに感染し、治療をしなければ免疫力が弱って死に至る病気であることを知る。
- HIVウィルスは空気中では生きられないため、体液や血液などから直接入らないと感染しないことを理解し、普通の日常生活では感染しないことを理解する。

（2）授業の流れ　　※医学的な解説も多いので、この時間はぜひ養護教諭の協力も得たい。

学習活動	留意点
①「エイズ」について、子どもたちがどれぐらい知っているかを交流する。	【学習プリント1】
②教科書を見て、免疫の仕組みとHIVウィルスの特徴、エイズを発症すればどうなるかを理解する。	保健の教科書 【資料1　HIVに感染してから発症まで】
③インフルエンザウィルスとHIVウィルスとの違いをまとめる。	空気中では生きられないウィルスである。インフルエンザよりも感染力が弱いHIVの特徴や日常生活では感染しないことを学ぶ。
④学習プリントに今日の学習でわかったこと、疑問、もっと知りたいことを書く。 ※毎時間書く。次時の指導案から省略。	毎時間の終わりに書き、次時に学級通信などにまとめて紹介する。

10「エイズ」って何？

学習プリント1　CD 10_01

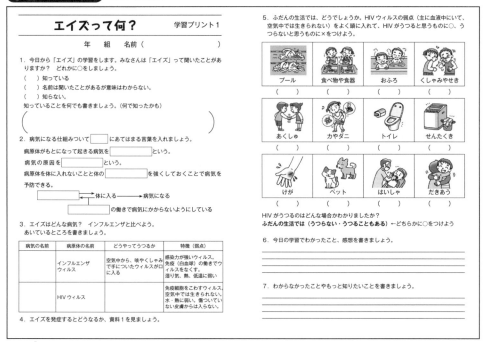

資料1　HIVに感染してから発病まで

STD研究所　http://www.std-lab.jp/ より作成

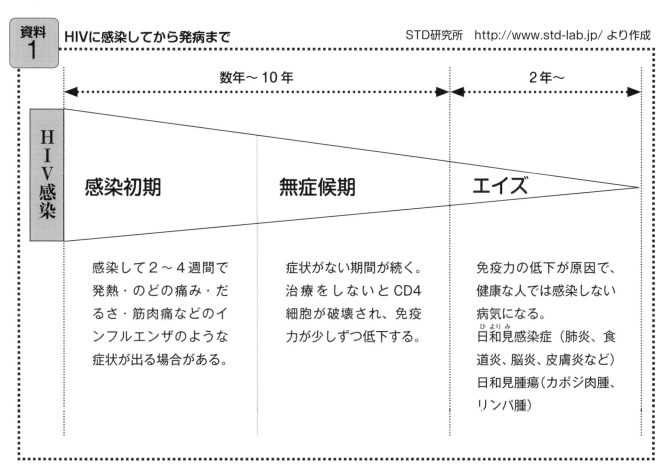

第2時 世界ではエイズはどうなっているか？

（1）目標
- 世界のエイズ感染者の実態を知る。
- 命の格差について考える。

（2）授業の流れ

学習活動	留意点
①前時の感想、疑問を紹介する。	毎時間のはじめに紹介する。承諾を得たり匿名にしたりする配慮も必要。
②世界のエイズ感染者の数を知る。どの地域が特に多いか調べる。	【資料2　HIV感染者推計総数】 【学習プリント2】
③エイズに感染した子どもでも助かる命と助からない命があることを知る。 ●エイズは、治療薬の開発が進み、不治の病ではなくなった（下のコラム参照）。しかし、発展途上国の貧しい感染者には薬は届かない。「命の格差」がある。 ●サハラ以南アフリカでは、2015年現在HIV感染者1900万人のうち治療薬を飲んでいるのは1000万人。1年に47万人が亡くなっている。（国連合同エイズ計画UNAIDS発表）	2枚の写真（『エイズとの闘い』p3）を見せる。同じ11歳で、HIVに感染していても、治療を受けることができるブラジルの少女と死を待つしかない南アフリカの少年を対比させる。ブラジルでは国から無料で薬がもらえるため、エイズを発症しないで生き続けることができる。南アフリカの少年は死を待つ施設・ホスピスにいる。治療薬は与えられていない。ホスピスに入れる子どももごくわずかである。 なぜ命の格差が生まれるのかという質問が出るかもしれない。次時に詳しく学ぶことを伝える。

★1日1錠ですむ新薬「スタリビルド（STB）」の開発

2013年5月、抗ウイルス化学療法薬のスタリビルド配合錠が発売され、1日1錠で済むことが話題になりました。
薬価／1錠　6,942.10円／1日1錠処方、30日で208,263円
（国立エイズ治療・研究開発センター　http://www.acc.ncgm.go.jp/　に詳しい情報があります）

10「エイズ」って何？

学習プリント2 CD 10_02

```
エイズって何？         学習プリント2
           年  組  名前（      ）

1．世界のHIV感染者の数を資料2を見て調べましょう。
  どの地域が1番多いですか。（      ）
  2015年でHIVに（      ）人が感染している。
  この地域で治療薬を飲んでいるのは、1000万人で、1年間に47万人がエイズで
  なくなっている。

  アフリカ全体では、（      ）人が感染している。
  世界全体では、（      ）人が感染している。

2．2枚の写真を見て思ったことを書きましょう。
  _____

3．今日の学習でわかったこと、感想を書きましょう。
  _____

4．わからなかったことやもっと知りたいことを書きましょう。
  _____
```

子どもの感想

● みんなは、特に命の差のことやアメリカのことを書いていた。僕はこう思いました。「人間は人間に生まれたことだけでもいいのに、人間どうし協力しないと意味がない」

● 「いつか日本も…」と思うと私も不安だなあと思います。先のことを想像して、エイズ患者の人を応援してる人もいる。とても心が広いひとだなあって思いました。やっぱり、がんばって生きてほしいと言われると苦しんでいる人もがんばろうって思うと思います。

● ぼくの力でどうにもならないけど、ぼくの力でなんとかなるのなら、HIVの薬を安く売ったり、HIV感染者をやさしく支えたりして精神的にもHIV感染者を助けたい。

資料2 HIV感染者推計総数　2015年現在　［国連合同エイズ計画（UNAIDS）発表資料より作成］

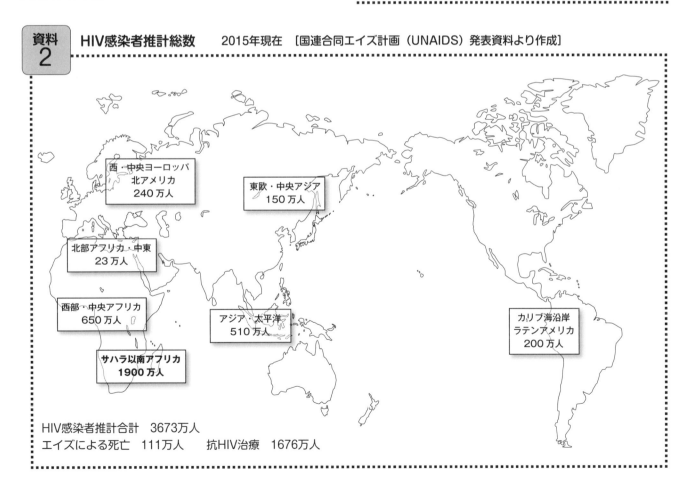

西・中央ヨーロッパ 北アメリカ　240万人
東欧・中央アジア　150万人
北部アフリカ・中東　23万人
西部・中央アフリカ　650万人
アジア・太平洋　510万人
カリブ海沿岸 ラテンアメリカ　200万人
サハラ以南アフリカ　1900万人

HIV感染者推計合計　3673万人
エイズによる死亡　111万人　　抗HIV治療　1676万人

第3時 エイズの特許薬について学ぼう

（1）目標

●なぜアフリカではエイズで1日に2000人以上の死者が出るのかを特許薬の問題から考える。
●憲法13条（個人の尊重と公共の福祉）25条（生存権、国の社会的使命）を学び、特許権か生存権かどちらが優先されるべきか考える。

（2）授業の流れ

学習活動	留意点
①エイズの治療薬の値段を知らせ、なぜこんなに高いのかを考える。	【資料3　日本で使われている主なHIV治療薬】 予想される答え ・新薬だから開発、研究にお金がかかる。 ・会社が儲けたい。
②特許権について考える。	【学習プリント3】 ●薬にも特許権があることを説明する。同じ成分でよく似た薬（ジェネリック薬。子どもにはわかりやすく「コピー薬」と説明）なら安く作れて、タイやブラジルでは政府が作ることができ、感染者に無料で配布しエイズの発症率を下げていることを紹介する。
③自分の国でコピー薬を作れない南アフリカ政府が、インドなどからコピー薬を輸入したことに対して、特許権を持つ40の製薬会社が南アフリカ政府を裁判で訴えた。このことをどう思うか話し合う。 ④この裁判を知り、世界のPWAやNGOなどがメールなどで反対運動を起こし40社が訴訟を取り下げたことを知る。	●日本国憲法第13条（個人の尊重と公共の福祉）第25条（生存権、国の社会的使命）を紹介し、特許権か生存権かどちらが優先されるべきか考える。 ●世界的な運動で2001年、WTOドーハ会議では「特許は保健に優先しない」（ドーハ宣言）と、発展途上国のジェネリック薬の輸入が認められた。その後アメリカなどの反対があったが、さらに運動が高まり、自国でコピー薬が作れない国に限って、期限付きで認めることが決まった。（詳しくは岩波ブックレット『エイズとの闘い』を参照）

10「エイズ」って何？

学習プリント3　CD 10_04

エイズって何？　学習プリント3

年　組　名前（　　　　　　　　）

1. 資料3を見て「エイズの薬ってどうしてそんなに高いの？」について考えよう。
自分の予想を書いてみよう。

2. 製薬会社は、開発した薬の（　　　　　）権を持っている。……20年間
エイズの薬は、新薬は、1年間で（　　　　　）円もする。
コピー薬は、1年間で（　　　　　）円で買える。

日本国憲法
第13条【個人の尊重と公共の福祉】
すべて国民は、個人として尊重される。（　　　）、（　　　）および（　　　）に対する
国民の権利については、公共の福祉に反しない限り、立法その他の国政の上で、最大の尊重を必要とする。
第25条【生存権、国の社会的使命】
(1) すべて国民は、（　　　）で（　　　）な最低限度の生活を営む権利を有する。
(2) 国は、すべての生活部面について、社会福祉、社会保障及び公衆衛生の向上及び増進に努めなければならない。

3. ドーハ宣言とは
2001年11月、エイズやマラリアに苦しむアフリカなどの発展途上国にコピー薬を作ってもよい、特許料を免除すると決めた世界の合意。「健康権」の方が「特許権」より優位と認められました。でも、2002年12月、自分の国でコピー薬を作れない国がコピー薬を輸入することはアメリカの反対で認められませんでした。
コピー薬を輸入した南アフリカが40の製薬会社から裁判で訴えられました。
あなたは、これに対してどう思いますか？
「貧しい国に安い薬を買わさないのは、治療すれば治る人を殺すことだ！」と
（　　　）（　　　）（　　　）（　　　）が抗議し、
世界中で反対運動が大きくなり、とうとう製薬会社も裁判を取り下げました。
2016年まで、アフリカなどエイズで困っている国がコピー薬を買うことを認めました。薬の値段を下げたり、アフリカに無料で薬を送る会社も出てきました。

4. 今日の学習でわかったこと、感想を書きましょう。

5. わからなかったことやもっと知りたいことを書きましょう。

子どもの感想

- 飢餓の勉強をした時以上に先進国と途上国の人の命の差の大きさのちがいを感じた。
- 特許権より、健康権の方が絶対大切だと思う。早く発展途上国のアフリカなどの国が安いコピー薬を買えるようになってほしい。
- アメリカの特許権はおかしいと思う。普通の人なら考えてみたら命の方が大事やのにと考えるはずやのに。薬でお金儲けはだめだと思う。
- ぼくは、アフリカとアメリカの差は良くないと思う。アフリカの人達はお金がないだけで亡くなるのはすごくかわいそうだ。科学が進んで、無料でアフリカなどに配れたらいいと思う。アメリカの人々も抗議してくれたことがすごくうれしい。僕は、命の差があるのはおかしいと思う。どの国とも仲良くなればもっといい環境になると思う。

資料3　CD 10_03　日本で使われている主なHIV治療薬

種類	薬剤名	略称	1日に飲む数	1ヶ月の値段
（核酸系）逆転写酵素阻害剤	レトロビル	AZT	1回2〜3カプセル。1日2回	34,128円
	エプジコム	ABC/3TC	1回1錠。1日1回	119,433円
（非核酸系）逆転写酵素阻害剤	ストックリン	EFV	1回1錠。1日1回	48,357円
	インテレンス	ETR	1回2錠。1日2回	76,368円
プロテアーゼ阻害剤	ビラセプト	NFV	1回5錠。1日2回	41,940円
	レイアタッツ	ATV	1回2カプセル。1日1回	45,942円
インテグラーゼ阻害剤	アイセントレス	RAL	1回1錠。1日2回	93,216円
	テビケイ	DTG	1回1錠。1日1回	97,878円
CCR5阻害剤	シーエルセントリ	MVC	1回1錠、2錠または4錠を1日2回	281,268円（2錠の場合）
配合剤	コンプレラ	CMP	1回1錠。1日1回	174,534円
	スタリビルド	STB	1回1錠。1日1回	208,263円

国立エイズ治療・研究開発センター（薬剤・併用禁忌リスト 2016年7月版）より作成
http://note.acc-info.jp/drug/tri.html

★1日1錠・新薬「スタリビルド」1ヶ月約20万円／インドのコピー薬1ヶ月30ドル（350円）

インドの後発薬、HIV治療変えた〜1日1ドル、南アフリカ向け〜

インドは、開発途上国のために「1人1日1ドルでエイズ治療薬（ジェネリック薬）を販売する」と表明。年間約1万2千ドルかかった薬代に価格破壊をもたらし、南アでは約220万人のエイズ患者が新たに治療を受けられるようになった。
（詳しくは、朝日新聞デジタル、ケープタウン＝都留悦史2016年3月31日10時04分を参照）

第4時 薬害エイズと匿名裁判について学ぼう

（1）目標
- 日本の薬害エイズ、匿名裁判について学び、エイズと闘いなががら生きる人たちについて考える。
- 日本の現在のエイズ感染の状況を知る。

（2）授業の流れ

学習活動	留意点
①日本では最初のエイズ発症が薬害エイズだったこと、薬害エイズがなぜ起こったのかを学ぶ。約2000名の血友病患者が、血液製剤からHIV感染の被害を受けた。その58％が未成年者だった。 ②薬害エイズ匿名裁判を学ぶ。 　1989年、国と製薬会社に対し血友病の治療で使った非加熱血液製剤でHIVに感染した感染者とその家族が匿名で訴訟を起こした。 ③全国からの支援活動と判決を学び、命や人権について考える。 ④日本の感染者数推移のグラフや先進国との比較で感染の状況を知る。	●エイズに対する正しい知識がないために偏見があって患者たちがよけいに苦しんだことを知る。 【学習プリント4】 ●高校生のM君の陳述書（『エイズを生きる子どもたち』p55）をついたての向こうで子どもに読んでもらい、匿名裁判の様子を思い浮かべながら聞く。 ●実名公表して闘った川田龍平さんの陳述書（『薬害エイズ原告からの手紙』原告番号67）を読む。 ●エイズと闘いながらたくましく生きるM君や川田さんの生き方について考える。 ●全国から多くの支援があったこと、裁判で厚生省や製薬会社の有罪判決が出たことを学ぶ。 ●【資料4-①②】を見て現在の実態を知る。 ●HIV感染に早く気づき、治療を行えばエイズを発症せずに生きられることを知らせる。 ※薬害エイズについての解説は『エイズを生きる子どもたち』が参考になる。

第5時 HIVと共に生きる若者から学ぼう　【学習プリント5】（CD 10_06）

ビデオ「少女イブ」や下記の絵本などから入手できる教材を選んで学ぶ。
『写真絵本ぼくはジョナサン…エイズなの』（ジョナサン・スウェイン他　大月書店　1992年）
『父親になったジョナサン』（ロバート・サンチェス他　大月書店　2005年）
『エイズと闘った少年の記録』（ライアン・ホワイト他　ポプラ社　1992年）
『龍平の未来　エイズと闘う19歳』（広河隆一／川田悦子　講談社　1995年）
『ともだちになろうよ！　HIVとともに生きるこどもたちの声』（ローリ・S・ウィーナー他編　偕成社　2002年）

10「エイズ」って何？

学習プリント4 CD 10_05

エイズって何？

年　組　名前（　　　　）

1. 日本でのエイズ

日本では、（　　　　　　）からHIVに感染した人が最初のエイ（　　　　　　）は、血液を固める成分が少なくて、出血する気です。
治療のために使った、（　　　　　　）は、初めは日本で作ら～2人分の血液から作る薬が使われていました。
しだいにアメリカで作った非加熱血液製剤（熱を加えていない）に替え何千人もの血液を混ぜて作り、血液も売血が多く使われていたため、ウりました。1983年エイズの発生が報告され、アメリカでも多くの人が感すぐに安全な加熱血液製剤に替えました。
しかし、日本は2年以上おくれ、製薬会社は、安全だと言ってアメリカの（　　　　　　）を販売し続けました。クリオよりももうけその間にHIVに感染した人が増えました。その半分以上が20才以下の（　　　　　　）も、危険情報を知りながら、非加熱製剤の販売厚生省をやめた人の多くが製薬会社につとめていたからです。
安倍英は、血友病専門医のけんいのある医師で、製薬会社から多額の寄危険な薬とわかりながら、非加熱製剤を使い続けていました。多くの専をとらないですむように、患者に感染したことを知らせませんでした。
そのため、HIVの治療が遅れ、（　　　　　　）もおこりま

あなたは、このことをどう思いますか？
（

2. 薬害エイズにかかった人たちは、どうしましたか？

3. なぜ匿名（名前を出さないで）裁判をしたのでしょうか？

4. 日本のHIV感染者・エイズ患者は今はどうなっていますか？グラフを見て考えましょう。

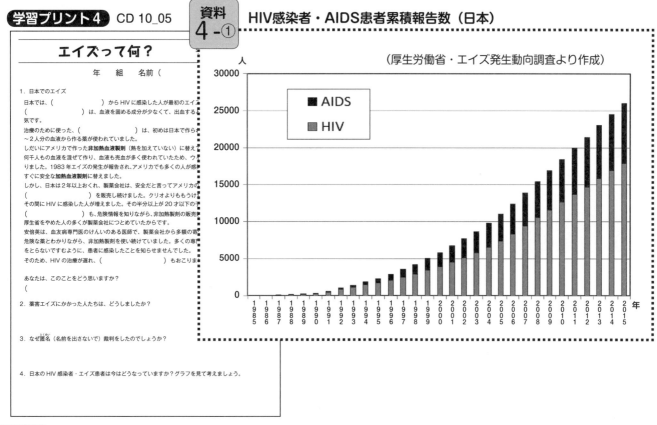

資料 4-① HIV感染者・AIDS患者累積報告数（日本）
（厚生労働省・エイズ発生動向調査より作成）

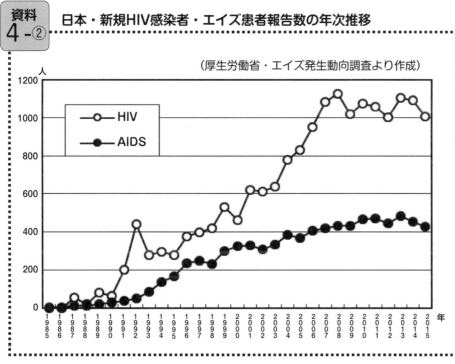

資料 4-② 日本・新規HIV感染者・エイズ患者報告数の年次推移
（厚生労働省・エイズ発生動向調査より作成）

『薬害エイズ原告からの手紙』

（東京HIV訴訟原告団編著　三省堂）を教材に

　血友病でHIVに感染被害を受けた患者や家族の切実な訴え文は、子どもたちの心にせまる貴重な教材である。ここであげた他に、原告番号20「妻へ、僕と結婚してくれてありがとう」を読み合った実践例もあり、愛することを深く考えるきっかけにもなった。学級の子どもたちの実態に合わせて取り上げる資料を選びたい。

第6時 LAPのシミズ君の活動とは？

（1）目標

- 日本の若者のNGOでPWA・エイズ患者のサポート団体を創設したシミズ君の生き方、LAPの活動を学び将来の展望を持つ。
 （PWA：エイズと共に生きる人のこと。また、その支援者のこと）

（2）授業の流れ

学習活動	留意点
①シミズ君はなぜLAPを作ろうと思ったのかを知る。 （下のコラム参照）	『ある日ぼくは「AIDS」と出会った』や、シミズ君らが立ち上げたLAPのウェブサイトを読む。 **【学習プリント6】**（CD 10_07） ●病院で冷たくされ、出てきてしまったタイ人のエイズ患者のAさんは身も心も硬直していた。ミチ子さんたちは、AさんにLAPの避難所でマッサージをしたり語りかけたりやさしく看病をした。Aさんがやっと安心して甘えられるようになって安らかに息を引き取るまでにミチ子さんがAさんから学んだ大切なことが熱く語られている。
②LAPの具体的な活動を学ぶ。 ●看護師をしながら活動するミチ子さんの手記を読む。「この夏、私は一人のエイズ患者と出会った[みちこ]」（LAPのウェブサイトより） http://www.lap.jp/lap1/nlback/nl03/nl03-2.html	
③学習のまとめをする。	**【資料5　えんぴつ対談】**（CD 10_08～09）

（学習プリントの解答例はCD 10_10）

LAPのシミズ君

　シミズ君は、専門学校の先生に紹介された講演会でエイズと出会った。エイズ講習会や、大学祭でもエイズを学び、何かやりたいとすぐに友だち5人でアメリカへ5日間の旅にでた。初めてPWAに会い、サポートグループの活動を知り、帰国後PWAのNGOをつくった。理念は5つ。1.感染者に焦点をあてた活動、2.PWAが主体である活動、3.ニーズにあったサポート、4.実践的行動、5.楽しむ、である。グループ名は「エイズを生きるプロジェクト」で、略して「LAP」とし、シミズ君が代表者となって活動している。[『ある日ぼくは「AIDS」と出会った』（木谷麦子　ポプラ社）より]
　詳しくはLAPのウェブサイトを参照。（http://www.lap.jp）

10 「エイズ」って何？

まとめに「えんぴつ対談」を

筆者のクラスでは、「私だったら自分がエイズにかかったら子どもは産まない」「愛する人からHIVにかかったら悲しい」と感想に書いた子がいた。この2人の問題提起を
① 自分がエイズ（または自分の妻がエイズ）にかかっていたら子どもを産みますか？
② 愛する人からHIVに感染したらどうしますか？
と問いかけるとすごい反響があり、男女の考えの違いも明らかになった。学級通信の紙上討論が盛り上がり、「もし自分がエイズだったら結婚しますか？」と問う子が出て結婚、恋愛、幸福について論争した。「死」に直結するエイズを学び、「生きること」「愛すること」をまっすぐに考えた。親子のえんぴつ対談を宿題にすると親も子どものしっかりした考え方に驚き、真摯に質問に答えてくれた。子どもたち同士、しかも男女でもさらっと自然にエイズの話題でえんぴつ対談ができるほどになり、いつのまにか男女も仲よくなっていた。エイズに関する知識を得るだけにとどまらず、自分たちの問題だと意識し、紙上討論で勢いづき、自分に自信をつけた子どもたちは、これから出会うであろう性に関することで自己決定ができ、相手を思いやり、自分を大切にすることができると思った。

※「えんぴつ対談」とは、話した内容がわかるように対談しながら紙に書いてもらいます。子どもが1人で聞き取りながら書いたり、交互に鉛筆を持って対談のように書きます。対談の用紙は付録CDにありますので、ぜひ取り組んでみてください。
(CD 10_08～09)

★父母娘のえんぴつ対談の例

娘　ただ今からS子レポートインタビューをはじめま～す。
母　イエーイ☆
娘　あなたは、アンケートの「将来もし、子どもの結婚相手がエイズに感染していたら」という問いに「つきあうのをやめるように言う」に○をしたそうですが、その理由を…どぞっ!!
母　始めはなー「結婚反対」に○しよー思っとってんけどなー、やっぱり子どもが愛してる人やったらそれはちょっとキツイしなーって思ってん。
父　パパは「反対派」やでー。んなもん大事な子どもがエイズになってみー、たまったもんとちゃうぞ!!
娘　いやー、パパそれは厳しーなー!! でもそれだけ大切に思ってくれてんねんやー!!
　　では、次もしお母さんたち自身エイズに感染したらどーする？
母　そん時は、医者に言うて、なんぼ高かってもえーからエイズが治る薬を作ってほしいのが願望やけど、そー簡単にはいかんやろーな！
父　エイズに負けんと戦って生きていくゼィ！
娘　ほんなら、最後に子どもに「ビシッ」と格好えーとこ決めてください!!
父　えー！ まあ、「未来の先輩」やしなー。もし、あんたがエイズに感染したとしても、弱気にならんと、強気で「いつか治る」と思い続けて前へ進んでいくことやなー。その時は、必ず親にぶっちゃけることやで!!
母　大人になってくにつれて、苦しいこと、悲しいこと、つらいことなんて毎日のようにある。でも、お母さんたちは、お母さんのお母さん、つまりおばあちゃんからアドバイスを受けてここまで立派な大人になれてん!! あんたも、そーなってや!!
娘　うん!! ありがとう!! お母さんたちが望んでる立派な大人になるな！

保健委員会 11 委員会活動で健康な学校づくり
健診結果を生かした健康への取り組み

I 教材について

　委員会活動は、学校教育では「自治的能力の育成」に位置づく活動である。その活動の中で、集団の一員としてよりよい学校づくりに参画し、協力して様々な問題を解決するには、自分たちに何ができるか考え、実践していく態度を身につけさせたいと考える。

　また、自分たちの学校生活をより豊かにするための活動として、その委員会が学校の分担活動として決まっている常時活動と合わせ、子どもたちの創意工夫に焦点をあてた取り組みも大事にしたい。

　創造的な活動は、自主的・主体的な話し合いで子どもたちの意欲が増す。また、集会活動や時には学校行事の参画に発展し、全校に広げ、常時活動につながる取り組みになる可能性もある。さらに、それを実現するためには他の委員会の協力や連携が不可欠となり、学校全体の委員会活動が活性化されることにもつながる。

　そこで、子どもたちの創意工夫に焦点をあてた取り組み教材として、児童保健委員会での「ストレッチでからだ元気」を取り上げた。

　2016年度から、定期健康診断の中に「運動器検診」が加わった。病院受診ではないが、運動不足や経験不足により「片足立ちでふらつく」「足裏を床につけたまましゃがめない」などの症状が起こっていると考えられ、学校医より学校での取り組みが必要と意見された。

　保健室来室の「けが」では、体育時や休憩時間での突き指や捻挫が年々多くなっている。さらに週明けの子どもたちは朝から疲れがひどく、欠席者が多い。また、体調不良による来室者も非常に多く、1週間のスタートが気持ちよくできない子どもが多い現状もある。『子どものためのスポーツ・ストレッチ』（汐文社）には、ストレッチの効果として「けがを防ぐ」「柔軟になる」「関節の動く範囲が広がる」「疲労回復」「精神的な緊張がほぐれる」などが解説されている。

　そこで、子どもの実態と保健室来室状況により、学校独自の「ストレッチ」を組み立て、集会で紹介したり学校行事に関わったり、全校が知って実行する「ストレッチ」になる取り組みを児童の創意工夫で作り上げたい。

　月1回の委員会活動として、年間を通じた取り組みと、少しの放課後活動を紹介する。

【参考文献】
『子どものためのスポーツ・ストレッチ①基本のストレッチ』（杉田一寿・川口毅　汐文社　2008年）

II ねらい

● 子どもたちの体と保健室来室の現状を踏まえ、保健委員会としてできることを考える。
● 現状に合ったストレッチを選び、全校でやりやすい形を作る。
● 全校児童に知ってもらい、実践してもらうための取り組みを考え、実行する。

Ⅲ 全体計画例

	ねらい	内容	資料
4月	●構成メンバーを知り、人間関係づくりをする。 ●体の実態や保健室来室で、児童の現状を知る。	●自己紹介（学年・名前・保健委員会に入った理由・役員立候補の意向） ●役員選挙 ●常時活動のやり方を決定する。 ●運動器検診の結果や来室状況を示し、児童の現状を説明する。 ●みんなが「健康になるために」取り組む内容を考えてくることを確認。	プリント1 　自己紹介カード 資料1　子どもの「からだ」と「けが」で気になること プリント2
5月	子どもたちが健康に過ごせるために、保健委員会としてできることを考える。	●考えてきたことを理由も入れて発表し、1年間の取り組みを決定する。 ※ストレッチに取り組むと仮定する ●ストレッチの注意事項を伝える。 ●次回、考えてきたストレッチから独自のストレッチを考えることを予告。	資料2　『子どものためのスポーツ・ストレッチ』 プリント3
6月	子どもたちの現状に合ったストレッチを考え、組み立てる。	●各自が考えてきたストレッチを紹介し合い、選考し、順番を決定する。 ●次回、ストレッチに合う曲の選考をすることを予告。	資料2を参考にしたストレッチ プリント4
7月	ストレッチに合った曲を選考し、実際にストレッチを行う。	●各自が考えてきた曲を紹介し合い、選考する。 ●曲に合わせストレッチを練習する。	資料3　オリジナルストレッチ
1学期末	ビデオ撮りをする。	●曲に合わせてクラスごとに撮影する（8月中に編集する）。	CD（ストレッチの曲） プリント5 資料3
9月	全校に紹介する準備と計画をする。	●児童朝会での紹介の仕方を考える。 ●運動会の整理体操として定着できるよう、自分たちができることを考える。	DVD（完成したストレッチのDVD） プリント6
10月	運動会の整理体操確認。運動会後もストレッチを続ける取り組みを考える。	●当日の動きの確認とストレッチの最終確認をする。 ●ストレッチを継続していける方法を話し合う。 ※朝会時に行うことに仮定	CD（ストレッチの声入り曲） プリント7
11月～2月	朝会時の取り組みを実践し、気づきを交流。新たな活動の実践など。	●実際に実践し、委員会時にお互いの気づきを交流し、次月の実践を考えて活動する。	プリント7
3月	1年間のまとめ	●気づきと学びを交流する。	プリント8

授業の進め方

第1時 4月 仲間づくりと子どもたちの様子を知ろう

（1）目標

- 構成メンバーを知り、人間関係づくりをする。
- 体の実態や保健室来室で、児童の現状を知る。

（2）授業の流れ

学習活動	留意点
①構成メンバーを知り合う（自己紹介）。 　学年、名前、保健委員会に入った理由、役員立候補の意向	●自己紹介の内容を板書しておく。 　集まった人から記入する。【プリント1】
②役員（委員長・副委員長・書記）を決める。 　立候補が最優先。2名以上の場合は選挙。選出された人には全員が協力することを確認する。	●自己紹介後、立候補者は再度、立候補理由を全員に伝える。 ●委員長・副委員長は委員会前日に司会の打ち合わせに来ることを伝える。
③常時活動について決める。 　活動場所や当番の順番など、詳細を話し合いで決める。	●常時活動について紹介し、場所や順番などはクラスのメンバーと話し合って決めるようにする。
④体の実態や保健室来室で現状を知る。 　運動器検診の結果や保健室来室のまとめを見せ、現状を意識させる。 　「片足立ちでふらつく」 　「足裏を床につけたまましゃがめない」 　「体育時の突き指・捻挫の増加」 　「週明けの体調不良の増加」	●【資料1】を使って説明 ※児童の体の様子がわかる資料なら何でも可。ここでは例として「運動器検診」の結果と保健室来室で現状を知らせる。
⑤次回の内容を確認する。 　全校が「健康になるために」取り組む内容を考えてくることを確認する。	●記入用紙【プリント2】を渡し、次回の委員会までに考えてくることを伝える。

11 委員会活動で健康な学校づくり

プリント1　CD 11_01

保健委員会　　　　　　　　　　　　プリント1

自己紹介カード

年　組　名前

保健委員会に入った理由

なりたい役員（委員長・副委員長・書記）
（あれば○してね）

（委員長・副委員長・書記）
にりっこうほしたい

プリント2　CD 11_03

保健委員会　　　　　　　　　　　　プリント2

年　組　名前（　　　　　　）

**みんなが「健康になるために」保健委員会として
やってみたいこと**
次回、5月の保健委員会の時までに、書いておこう

資料1　CD 11_02

資料1　子どもの「からだ」と「けが」で気になること

子どもの「からだ」と「けが」で気になること　※数字はすべて架空

①アンケートの結果から（脊柱・胸郭及び四肢の検査調査票より）

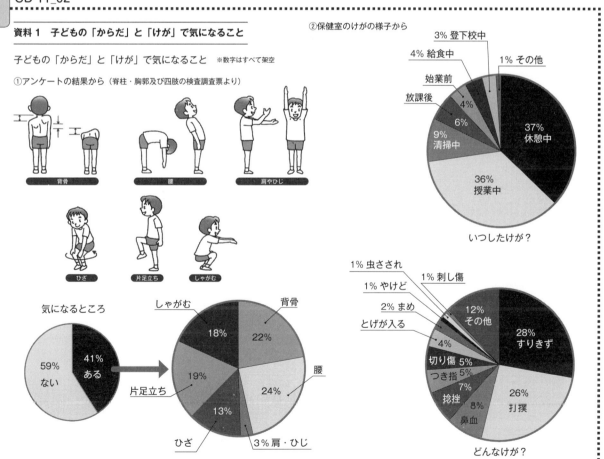

②保健室のけがの様子から

第2時 5月 みんなが健康になるためにできることを考えよう

（1）目標　●子どもたちが健康に過ごせるために、保健委員会としてできることを考える。

（2）授業の流れ（進行は委員長と副委員長で行う）

学習活動	留意点
①常時活動を行う。 　決まった場所で協力して行う。 ②「みんなが健康になるためにできること」について考えてきたことを紹介する。 　考えた理由も付け加える。 ③出た意見の中から、取り組むことを決める。 　決まったことは、意見が違っても協力することを確認。 ④ストレッチの留意点を聞く。 ⑤次回の内容を確認する。 　前回の子どもの実態を参考に、次回までにどのストレッチを加えるか考えてくる。	●常時活動の準備物の用意と常時活動の場所の確認を行う。 ●前回考えておくように指示したことを発表させる【プリント2】。担当教員も活動として考えたことがあれば、児童と同じように内容を紹介する。 ●出た意見を板書する（副委員長）。 　同じような意見があればまとめる。 　いいと思うもの1つまたは2つに挙手をし、賛成が多いものを取り組む内容とする。 　※「ストレッチ」に決定したと仮定する。 ●【資料2】を使ってストレッチの注意事項を説明し、ストレッチの例も紹介する。 ●記入用紙【プリント3】を渡し、次回の委員会までに考えてくることを伝える。

第3時 6月 みんなが健康になるためのストレッチを組み立てよう

（1）目標　●子どもたちの現状に合ったストレッチを考え、組み立てる。

（2）授業の流れ（進行は委員長と副委員長で行う）

学習活動	留意点
①常時活動を行う。 　決まった場所で協力して行う。 ②子どもの現状に合ったストレッチを紹介し、組み立てる。 ③次回の内容を確認する。 　ストレッチに合う曲を考えてくる。	●常時活動の準備物の用意と常時活動の場所の確認を行う。 ●前回考えておくように指示したことを発表させる【プリント3】。担当教員も付け加える。 ●記入用紙【プリント4】を渡し、次回の委員会までに考えてくることを伝える。

プリント3　CD 11_04

保健委員会　　　　　　　　　　　プリント3

年　組　名前（　　　　　　　）

どんなストレッチを取り入れるといいかな
次回、6月の保健委員会の時までに、書いておこう

プリント4　CD 11_05

保健委員会　　　　　　　　　　　プリント4

年　組　名前（　　　　　　　）

どんな曲がいいかな
次回、7月の保健委員会の時までに、書いておこう

資料2

『子どものためのスポーツ・ストレッチ①基本のストレッチ』（杉田一寿・川口毅　汐文社　2008年）
資料にしたストレッチや注意事項は本書を参考にした。

第4時　みんなが健康になるためのストレッチに曲をつけ、やってみよう
7月

（1）目標　●ストレッチに合った曲を選考し、実際にストレッチを行う。
（2）授業の流れ（進行は委員長と副委員長で行う）

学習活動	留意点
①常時活動を行う。 　決まった場所で協力して行う。 ②考えたストレッチに合う曲を紹介し決める。 ③決まった曲に合わせて、ストレッチの回数を調節し、できたストレッチを実際にやってみる。 ④ビデオ撮りの日時を決める。 　放課後で都合のつく日を話し合う。	●常時活動の準備物の用意と常時活動の場所の確認を行う。 ●前回考えておくように指示したことを発表させる【プリント4】。担当教員も付け加える。 ●意見が出た曲をユーチューブなどで一度聞かせ、選考を手助けする。 回数など難しい場合はアドバイスする。 ※ここでは例としてドラえもんの曲『夢をかなえて』とする。【資料3】 ●ビデオ撮りまでに各自練習することを伝える。 ●決まったストレッチの表をすぐに作成し、できれば翌日に児童に渡す。

第5時　みんなが健康になるためのストレッチDVDを作ろう
1学期末～夏季休業中

（1）目標　●オリジナルストレッチを撮影する。
（2）授業の流れ（進行は委員長と副委員長で行う）

学習活動	留意点
①オリジナルストレッチを撮影する。 ②次回の内容を確認する。 　完成したビデオ鑑賞と、集会で報告する準備やその他に広める方法を考えてくる。	●前回決めたストレッチを練習し、クラスごとに実演し、ビデオに撮る。【CD（ストレッチの曲）】 　注意点をそのつど伝える。 ●記入用紙【プリント5】を渡し、次回の委員会までに考えてくることを伝える。 ●撮影した画像を編集する。【資料3】 　全ての児童が出演するように構成する。

11 委員会活動で健康な学校づくり

プリント5 CD 11_07

```
保健委員会                    プリント5
       年  組  名前(        )

集会のやり方ともっとストレッチを広げる
方法を考えよう
次回、9月の保健委員会の時までに、書いておこう
```

資料3 CD 11_06

資料3 オリジナルストレッチ

歌：『夢をかなえてドラえもん』

①腹式呼吸　②腕・肩・背中のストレッチ　③肩・わきの下ストレッチ　④腕・肩・わき腹のストレッチ　⑤背中ストレッチ　⑥腕・肩・胸部のストレッチ

前奏 16秒／♪心の中 いつもいつも えがいてる～（16秒）／♪夢をのせた自分だけの 世界地図～（16秒）／♪空を飛んで 時間を越えて 遠い国で～（16秒）／♪ドアをあけてほら 行きたいよ 今すぐ～（16秒）／♪大人になったら 忘れちゃうのかな？～（16秒）／♪そんな時には 思い出してみよう～（16秒）／♪Shalalalala 僕の心に いつまでも かがやく夢～（16秒）／♪ドラえもん そのポケットで かなえさせてね～（16秒）

⑦胸のストレッチ　⑧指のストレッチ　⑨ふくらはぎのストレッチ　⑩おしり・腰・アキレス腱のストッチ

♪Shalalalala 歌をうたおう みんなでさあ 手をつないで～（16秒）／♪ドラえもん 世界中に 夢をそうあふれさせて～（16秒）／間奏 16秒間、2秒ごとに、グーパーを繰り返す。グーパーそれぞれ4回／♪やりたいこと 行きたい場所 見つけたら～（16秒）／♪迷わないで 靴を履いて 出かけよう～（16秒）／♪大丈夫さ ひとりじゃない 僕がいるから キラキラ輝く 宝物探そうよ（32秒）

⑪ももの前のストレッチ　⑫腕（前腕）の屈筋のストレッチ　⑬腕（前腕）の伸筋のストレッチ　⑭首・肩のストレッチ　⑮首をまわす

♪道に迷っても 泣かないでいいよ～（16秒）／♪秘密の道具で 助けてあげるよ～（16秒）／♪Shalalalala 口笛吹いて～（8秒）／♪高らかに 歩き出そう～（8秒）／♪ドラえもん あの街まで～（8秒）／♪届けばいいね～（8秒）／♪Shalalalala 僕らの未来～（8秒）／♪夢がいっぱい あふれてるよ～（8秒）／♪ドラえもん 君がいれば みんなが笑顔になる～（16秒）

第6時 9月 みんなが健康になるためのストレッチを全校に広げよう

（1）目標　●全校に紹介する準備と計画をする。

（2）授業の流れ

学習活動	留意点
①常時活動を行う。 　決まった場所で協力して行う。 ②完成したビデオを鑑賞する。 ③保健集会のやり方について話し合う。 　保健集会の形式（テレビ朝会・体育館での朝会など） 　司会進行の役割分担 ④集会の他に広める方法を話し合う。 　運動会の最後に行う整理運動。 　毎週の全校朝会の最後に行う。 ⑤実施計画を考える。 　保健委員会の練習計画 　他の児童への練習計画	●常時活動の準備物の用意と常時活動の場所の確認を行う。 ●前回考えておくように指示した集会のやり方を発表させる【プリント5】。 ※ここでは例として、通常の児童朝会の中で、保健委員会のお知らせでストレッチDVDを3分流す。 ●前回考えておくように指示した集会の他に広める方法を発表させる【プリント5】。 　意見が出にくい場合はアドバイスする。 ●事前に担当教員が方法を考えておき、連携が必要な教職員に相談し、準備しておく。 ●自分たちが正確にストレッチができることが必須条件であることを自覚させる。 ●全校が整理運動に取り組みやすくするために、自分たちと他の児童との練習計画を相談させる【プリント6】。

プリント6　CD 11_08

保健委員会		プリント6
	年　組　名前（　　　　　　）	

ストレッチを全校に紹介する準備と計画

	保健委員会の練習	他の児童との練習
	【　月　日（　）】～ 予定	【　月　日（　）】～ 予定

11 委員会活動で健康な学校づくり

第7時 10月 / 第8時 11月〜 取り組みを全校に広げよう

（1）目標　●運動会の整理運動をきっかけにさまざまな方法で取り組みを広げよう。

（2）授業の流れ

学習活動	留意点
①常時活動をする。 ②運動会の整理運動について最終確認をする。 ③取り組みを広げる計画を考え、実践し改善する。場面の想像、役割分担、実践した後の気づきを交流する。	●当日に向けて、リハーサルをする。（CD：ストレッチの声入り曲） ●通常の朝会の最後3分間、全校で行う場合は、担当のクラスなど、自分たちが動きやすくなるように想像しながら計画を作り、実行し、気づきを確認し合うことを繰り返す。【プリント7】

プリント7 CD 11_09

```
保健委員会                    プリント7
       年  組  名前（      ）

※今後の取り組みについて
◎担当（           ）
◎今月やってみて気づいた事、思った事
 ┌─────────────────────┐
 │                         │
 │                         │
 └─────────────────────┘

◎来月に向けて
 ┌─────────────────────┐
 │                         │
 └─────────────────────┘
```

3月には、1年間を通じた気づきと学びを【プリント8】に記入し、交流し、次年度に活かす。

プリント8 CD 11_10

```
保健委員会                    プリント8
       年  組  名前（      ）

※今年度をふりかえって
◎担当（           ）
◎今年度やってみて気づいた事、思った事
 ┌─────────────────────┐
 │                         │
 │                         │
 └─────────────────────┘

◎来年度に向けて
 ┌─────────────────────┐
 │                         │
 └─────────────────────┘
```

おわりに

　本書を読まれていかがでしたか。「子どもたちが動き出す授業」を想像してもらえましたでしょうか。子どもたちは、自分たちの学んでいることの意味がわかり、みんなのためにあるいは未来の社会のために役にたつことができると気づくと、主体的に動き始めるのだと思います。いろいろな人とつながり自己肯定感も高まります。

　本書では小学校の実践として紹介していますが、「高学年」対象としている教材などは、中学校や高校・大学でも十分学習できる内容だと思いますのでぜひ取り組んでみてください。

　平成30年度から小学校で実施となる「特別の教科　道徳」では、道徳教育の目標を「自己の生き方を考え、主体的な判断の下に行動し、自立した人間として他者と共によりよく生きるための基盤となる道徳性を養う」「考え、議論する道徳」と示されています。本書に示したような命・健康・環境などのテーマでの学習がぴったりではないかと思います。道徳の時間にもぜひ取り組んでみてください。

　こういった授業づくりは、教師1人だけの力ではなかなかできません。まず、子どもたちの実態をどう捉えるかという子ども理解や子どもたちに合った教材探しからはじめます。授業後は、実践報告を集団で議論します。私たちは、学校体育研究同志会という民間教育研究団体に集まり、「健康教育」という分野で実践を持ち寄り学習しています。学校体育研究同志会の全国大会や各地域で「健康教育」の学習会が行われていますので、ぜひご参加ください。下記の「学校体育研究同志会」ウェブページで研究会の案内をご覧ください。また、教材や授業についてのご相談やご意見などもお寄せいただけると嬉しいです。

　　　　　学校体育研究同志会・大阪支部
　　　　　　http://www6.plala.or.jp/manzo/
　　　　　全国大会・健康教育分科会世話人（上野山）
　　　　　　メール：uenoyama@5.zaq.jp

【執筆担当一覧】

はじめに
　　大津紀子（おおつ・のりこ）元公立小学校教員　学校体育研究同志会会員
　　上野山小百合（うえのやま・さゆり）大阪府八尾市立龍華小学校教員　学校体育研究同志会会員

1 食べ物の向こうにアジアが見える
　　上野山小百合

2 チョコレートのひみつ　児童労働の世界を考える
　　川畑洋子（かわばた・ようこ）東京都立川市立第十小学校教員　学校体育研究同志会会員

3 「すいみん」の学習
　　窪田浩尚（くぼた・ひろなお）大阪府東大阪市立縄手南小学校教員　学校体育研究同志会会員

4 水俣病を考える
　　窪田浩尚

5 みんなどこから？
　　大津紀子
　　朝輝千明（あさひ・ちあき）大阪府豊中市立小曽根小学校教員

6 成長ってなんだろう？
　　大津紀子

7 たかがゴミ　されどゴミ
　　大津紀子

8 アスベストと健康
　　武藤紳一郎（むとう・しんいちろう）元公立小学校教員　学校体育研究同志会会員

9 原発探検隊
　　東條憲二（とうじょう・けんじ）大阪府河内長野市立川上小学校教員　学校体育研究同志会会員

10 エイズって何？
　　上野山小百合

11 委員会活動で健康な学校づくり　健診結果を生かした健康への取り組み
　　荒木智子（あらき・ともこ）大阪府岸和田市立山直北小学校 養護教諭

おわりに
　　上野山小百合

【編著者プロフィール】

上野山小百合（うえのやま・さゆり）
大阪府八尾市立龍華小学校教員　学校体育研究同志会会員

大津紀子（おおつ・のりこ）
元公立小学校教員　学校体育研究同志会会員

イラスト●種田瑞子
DTP●渡辺美知子デザイン室

【付属 CD-ROM について】

付属 CD-ROM にはフォルダごとに PDF ファイルが入っています。PDF ファイルをご覧いただくには、Adobe Readerが必要となります。お持ちでない方は、ダウンロードしてご覧ください。

※通常 CD-ROM をパソコンにセットすると「自動再生ウィンドウ」が表示されます。表示されない場合は、「コンピューター」から「CD/DVDドライブ」をクリックしてください。

ご注意
■お使いのプリンタやプリンタドライバ等の設定により、色調が変化する可能性があります。
■本書付属 CD-ROM を使用したことにより生じた損害、障害、その他あらゆる事態に小社は一切責任を負いません。
■本書付属 CD-ROM を著作権法上著作者の許諾なく、CDや、その他記録メディアにコピーすることを禁止します。

CD-ROM 取扱い上の注意
■付属のディスクは「CD-ROM」です。一般オーディオプレーヤーでは絶対に再生しないでください。パソコンの CD-ROM ドライブでのみご使用ください。
■ディスクの裏面に指紋、汚れ、キズ等を付けないように取り扱ってください。また、ひび割れや変形、接着剤等で補修したディスクは、危険ですから絶対に使用しないでください。
■直射日光の当たる場所や、高温・多湿の場所には保管しないでください。

【館外貸出可能】
※本書に付属のCD-ROMは、図書館およびそれに準ずる施設において館外への貸出を行うことができます。

子どもが動き出す授業づくり
総合・道徳・保健の時間にできる「主体的・対話的で深い学び」

2017年8月15日　第1刷発行

編著者●上野山小百合・大津紀子ⓒ
発行人●新沼光太郎
発行所●株式会社いかだ社
　〒102-0072東京都千代田区飯田橋2-4-10加島ビル
　Tel.03-3234-5365　Fax.03-3234-5308
　E-mail　info@ikadasha.jp
　ウェブサイトURL　http://www.ikadasha.jp
　振替・00130-2-572993
印刷・製本　モリモト印刷株式会社

日本音楽著作権協会（出）許諾第1706966-701号
乱丁・落丁の場合はお取り換えいたします。
ISBN978-4-87051-487-4
本書の内容を権利者の承諾なく、営利目的で転載・複写・複製することを禁じます。